HILARY RUBEN

Sauvé par les éléphants

traduit de l'espagnol par
JULIE PAVESI

illustrations de
YVES BEAUJARD

Castor Poche Flammarion

Hilary Ruben, l'auteur, est née à Londres, en 1935. Après des études universitaires en Suisse et aux États-Unis, elle part vivre au Kenya. La famille de son mari faisait partie des premiers pionniers, au début du XXe siècle. Elle est captivée par la diversité des ethnies, et la richesse de leurs cultures.

Julie Pavesi, la traductrice, a traduit, de l'espagnol, de l'anglais, de l'américain, du turc et de l'italien, une dizaine de livres pour enfants et des dizaines d'ouvrages pour adultes. Elle est également l'auteur de romans et scénarios pour la télévision, et a publié plusieurs récits pour enfants dans des revues spécialisées. Elle travaille aussi pour les Archives nationales.

« La difficulté de traduire, lorsque l'on jette des ponts entre les langues, c'est que l'on craint que cela ne tienne pas. Et puis, faire dominer le courage, l'ingéniosité, l'affection, l'amour, les plaisirs aussi, dans le récit de la souffrance, du manque et de l'injustice, c'est compliqué. »

Yves Beaujard, l'illustrateur, a vécu dix ans aux États-Unis où il a gravé timbres-poste, billets de banque et portraits officiels. Revenu en France depuis plusieurs années, il consacre la majeure partie de son temps à la gravure et à l'illustration.

Sauvé par les éléphants :

Au cœur du Kenya, un jeune berger masaïs, Konyek, se fait attaquer par une bande de pillards qui volent une partie du troupeau. Caché dans les buissons, son cousin assiste à la scène sans intervenir. Il abandonne Konyek gravement blessé et rentre au village en racontant une version des faits tout à son honneur...

Konyek arrivera-t-il à récupérer son bien et à retrouver la confiance des siens?

Voici l'histoire d'un jeune Masaïs et de son amour pour Nuage de novembre, un veau du troupeau de son père.

Les Masaïs sont des nomades et vivent dans des manyattas *: sortes de huttes disposées en cercle et ressemblant à des igloos allongés, faites de branchages couverts de boue et de bouse de vache. Ces huttes sont entourées d'une palissade de protection en épineux entrelacés. La nuit, le bétail est regroupé au centre de ce cercle.*

Les aventures de Konyek sont bien sûr imaginaires, mais les coutumes et les traditions, les mythes et les histoires sont celles des Masaïs. Sont authentiques aussi l'amour des Masaïs pour leur bétail en général, et leur passion pour un animal en particulier.

Les mœurs des deux éléphants qui aident Konyek sont également authenti-

ques. Ils auraient bel et bien pu agir ainsi. D'étranges histoires circulent en Afrique sur ces animaux, sur leur intelligence, leur gentillesse et leur force. Certains de ces récits sont aussi surprenants que celui-ci.

Mais de nos jours ces grands animaux sont menacés. De tout temps, les hommes ont convoité l'ivoire de leurs défenses. Désormais, la chasse à l'éléphant est officiellement interdite, mais les braconniers n'en continuent pas moins de décimer l'espèce. Si rien n'est fait, bientôt il ne restera plus d'éléphants adultes, et les jeunes ne survivront pas. Sans adultes pour leur enseigner où trouver de l'eau et comment se nourrir, sans adultes pour leur témoigner de l'affection, assurer leur sécurité, ces jeunes animaux n'ont aucune chance. Comme les enfants d'homme, les enfants d'éléphant mettent des années à grandir et à devenir autonomes.

Les créatures sauvages avec qui nous partageons la planète ne seront sauvées que si chacun de nous se sent responsable de leur survie. Or, pour cela, il faut d'abord les connaître et les aimer.

Hilary Ruben

1. La naissance d'un veau

Un peu avant l'aube, quand les buffles vont boire, Konyek se réveilla et se glissa hors de la hutte de terre et de branches. A la lumière des étoiles, on distinguait à peine le troupeau au milieu du cercle des douillettes habitations. Il entendit le vent dans les buissons et le rugissement lointain d'un lion, mais il n'eut pas peur car le village était protégé par une haute palissade.

Il se faufila parmi le troupeau et, malgré l'obscurité, reconnut chaque animal et le caressa en l'appelant tendrement par son nom. Soudain, le vent projeta dans le ciel un nuage qui, telle une bulle d'argent, éclaira les huttes, le troupeau et, au milieu, la mince silhouette de l'enfant.

Alors, Konyek aperçut le veau qui venait de naître. Il poussa un cri, s'agenouilla près de lui et, tout en lissant son pelage humide, lui parla doucement. Il était noir comme l'ébène avec, sur le front, une tache claire comme un nuage d'été.

Le soleil rond et rouge se leva dans le ciel pâle. Bientôt plus rougeoyant et chaud, il embrasa le ciel et tout le village s'éveilla. Les femmes allèrent traire les vaches puis les bergers partirent avec le troupeau vers les pâturages.

Konyek resta seul près du veau nouveau-né. Après un moment, son père s'approcha et dit :

– Petite Pluie a enfin vêlé?

– Oui, père, répondit Konyek. Cette nuit, avant l'heure où les buffles vont boire. Regarde comme le veau est mignon! Quel nom vas-tu lui donner?

Son père demeura pensif un instant, regarda le ciel et dit enfin :

– Nous sommes au mois de novembre et les nuages deviennent blancs. Tu vois l'horizon, mon fils? Tu vois ces nuages qui, après les pluies des Pléiades, sont grands comme des chèvres et blancs comme leurs chevreaux? Nous l'appellerons Nuage de novembre parce que c'est le mois de sa naissance et qu'il a un petit nuage blanc sur le front.

C'est ainsi que le veau eut un nom et Konyek en fut heureux.

Le veau était son préféré et il rêvait de prouver son courage pour qu'un jour, son père le lui donne.

2. Saison d'abondance

Les jours suivants, l'eau qui chantait dans la rivière, l'herbe haute et luisante et le veau emplissaient de joie le cœur de Konyek. Tous les jours, il menait paître le troupeau de son père, et il ne quittait pas Nuage de novembre. L'enfant adorait la tendre chaleur de ses flancs et la douceur veloutée de son cou noir, et il veillait tout particulièrement à le protéger du danger. En effet, parmi les animaux sauvages qui hantent les collines et les plaines, il y a le léopard, l'hyène et le lion.

Mais Konyek n'avait pas peur. Il savait que les animaux n'attaquent que s'ils sont menacés et ne tuent que s'ils sont affamés. Les odeurs que le vent transporte, les empreintes des animaux sur le sol lui indiquaient lesquels étaient les plus proches. Même à une très grande distance, il était capable de distinguer leurs silhouettes grâce à sa vue perçante. De plus, son ouïe fine lui permettait de deviner leurs déplacements dans les hautes herbes. Il était sûr que les lions avaient chassé et mangé grâce aux vautours qui décrivaient des cercles dans le ciel en attendant de finir les restes de chair sur les os. Le chant monotone de l'oiseau de la pluie signifiait que les nuages s'amoncelaient et que le ciel allait déverser des trombes d'eau sur la terre assoiffée. Quand le petit oiseau du miel chantait, Konyek savait, qu'en le suivant, il le conduirait jusqu'à l'arbre où un essaim d'abeilles avait construit sa ruche. Les hérons blancs lui révélaient la présence des éléphants puisqu'ils les accompagnent pour manger les insectes déterrés par leurs pas lourds.

Parfois, son petit frère Marangu l'accompagnait. D'autres fois, il était seul, vagabondant par les plaines et les collines où poussent les figues sauvages et les arbres aux petites feuilles et aux épines comme des aiguilles qui donnent la fièvre. De leurs branches s'envolent de petits oiseaux de couleurs vives, des étourneaux aux ailes bleu vif, des chardonnerets à la poitrine lilas et des tisserands aux plumes d'or.

De temps à autre, Konyek rencontrait son cousin Parmet qui rassemblait son troupeau. Ils étaient partis ensemble autrefois, heureux comme des frères. Ils vivaient dans le même village et la mère de l'un était comme une mère pour l'autre. Ainsi chaque enfant avait-il beaucoup de mères et de pères et autant de grands-parents.

Mais, récemment, Parmet avait changé. Il était devenu grossier et fanfaron et, jaloux de Konyek, il l'évitait. Il sentait bien que celui-ci était le favori de leur grand-père Ol-Poruo dont la sagesse et le courage étaient célèbres dans tout le pays. Il remarquait aussi que les jeunes filles n'avaient d'yeux que pour Konyek et que les garçons n'écoutaient que lui. Parmet était plus fort et plus âgé, et il rivalisait si bien en éloquence et en force avec son cousin que, parfois, les autres avaient peur de lui.

Mais Konyek ne se préoccupait pas de Parmet durant cette saison d'abondance. Il surveillait les troupeaux de zèbres et de buffles, les gracieux impalas aux fines cornes ciselées, les babouins qui se font la toilette les uns aux autres et, surtout, Nuage de novembre qui grandissait grâce au lait de sa mère.

A la tombée du jour, il revenait au village. Comme des taupes ou des hérissons assis en rond, les huttes brunes se fondaient avec la terre. Leurs charpentes, en branches tressées, étaient recouvertes de bouses de vaches qui protégeaient de la pluie. Sans fenêtre ni porte, avec une petite entrée basse et tout arrondie, chacune ressemblait à la coquille d'un cauri*. L'entrée était étroite et obscure, comme un tunnel décrivant une courbe et donnant sur l'unique pièce éclairée par le feu. Là,

* Cauri : mollusque abondant sur les côtes d'Orient, dont la coquille blanche et brillante était utilisée comme monnaie en Inde et sur les côtes africaines.

Konyek se sentait à l'abri du danger. Des ombres bougeaient sur les parois. Les calebasses rondes débordaient de lait, et ses frères et sœurs étaient autour de lui. A la lumière des flammes qui dansaient dans le foyer de pierres à même le sol, il voyait le visage souriant de sa mère, avec ses colliers précieux et ses longues boucles d'oreilles en cuir orné de perles.

L'heure des palabres arrivait. C'était le moment que Konyek préférait. En effet, sa grand-mère, la femme d'Ol-Poruo, se lançait alors dans des histoires. Elle racontait la naissance du monde. Elle parlait du premier Masaïs*, de la ruse des animaux. Elle parlait aussi des hommes, certains lâches et d'autres courageux.

Cette nuit-là, pendant la saison d'abondance, alors que Nuage de novembre avait deux mois, Konyek demanda à sa grand-mère de lui raconter l'histoire des enfants du sycomore.

* Masaïs : peuple de pasteurs, habitant le sud du Kenya dans une réserve de 37 800 km^2. Un tiers de leur territoire est très aride, par conséquent, fréquemment, ils ont d'énormes difficultés pour nourrir leurs troupeaux.

Sa grand-mère sourit. Une lumière éclaira ses yeux éteints – tel un feu qui brûle lentement –, dans son visage sillonné de rides comme la terre qui attend la pluie.

Les enfants s'approchèrent d'elle. Les flammes dansaient. Tout était calme, chaud et serein.

Elle commença son histoire.

3. Les enfants du sycomore

Il y a bien longtemps déjà, une vieille femme solitaire, à laquelle Dieu n'avait donné ni fils ni mari, était bien malheureuse et ne comprenait pas la raison de son chagrin.

Une nuit, elle rêva que sa hutte était bondée d'enfants : ils criaient, riaient et s'embrassaient chaleureusement. En se réveillant dans sa maison vide et silencieuse, elle comprit la cause de sa tristesse et se dit : « Je suis désespérée parce que je vis seule et que je n'ai pas d'enfants. J'irai donc voir le sorcier qui habite au pied de la colline des Sages Décisions pour lui demander de l'aide. »

Ayant trait sa vache, elle l'attacha pour qu'elle ne s'éloigne pas. Ensuite, elle s'en alla vers la demeure du sorcier, accompagnée d'une chèvre tenue par une corde d'herbes tressées. Elle longea un sentier étroit fait par les éléphants à travers les arbustes et les bambous, et parvint à un ruisseau à l'eau cristalline et transparente. Des daims au manteau doré comme les blés et aux grands yeux calmes, des impalas châtains et une éléphante avec son petit s'y désaltéraient.

Elle s'accroupit pour boire, vit son reflet dans l'eau et réalisa tristement qu'elle était vieille et plus très jolie.

Mais elle faisait confiance au sorcier et, pleine d'espoir, elle reprit sa marche.

Elle aperçut enfin le sommet de la colline qui ressemblait à un chapeau de paille. On l'appelait la colline des Sages Décisions parce qu'il y a très longtemps les vieux du village y jugeaient sagement tous les scélérats.

Le sorcier vivait au pied de cette

petite montagne. Elle le trouva sous un figuier sacré assis sur une peau avec, près de lui, sa calebasse remplie de pierres magiques. Il était très vieux et on lisait dans ses yeux tout le savoir du métier de sorcier que son père et son grand-père lui avaient légué.

La femme s'approcha du vieil homme et dit :

– Oh ! sorcier ! Aide-moi. J'ai un problème !

Le sorcier lui demanda :

– Quelle sorte de problème as-tu ?

– Regarde-moi. Je ne suis plus jeune et n'ai ni mari ni enfants.

Il réfléchit un instant et la questionna à nouveau :

– Préfères-tu un mari ou des enfants ?

La femme pensa : « Je voudrais le mari et les enfants, mais si je lui en demande trop, il me trouvera gourmande et ne me donnera rien. Par ailleurs, si je choisis un mari, celui-ci pourrait me battre et me répudier car je serai trop vieille pour lui donner un enfant. »

C'est pourquoi elle lui dit :

– Je ne veux pas de mari, je préfère des enfants.
– Va chercher tes pots de cuisine et transporte-les jusqu'à un sycomore, déclara le sorcier. Vas-y tôt le matin et, dès que le soleil se lèvera, cueille les fruits de l'arbre et remplis-en tes pots. Puis va les ranger dans ta hutte. Tu feras une grande promenade et ne rentreras que le soir lorsque le troupeau revient au village.

Avant de reprendre son chemin, la femme remercia le sorcier et lui offrit la chèvre qu'elle avait apportée.

Le sorcier la salua à la coutume masaïs :
– Au revoir ! Prie Dieu, n'approche que les choses sages et ne te joins qu'aux aveugles. Et qu'il en soit toujours ainsi.

Respectant la tradition, la femme lui répondit :
– Repose-toi en buvant de l'hydromel et du lait.
– Et qu'il en soit toujours ainsi, répondit le sorcier en inclinant sa tête grise avec sagesse.

La femme reprit le sentier des éléphants et retrouva sa hutte. La lune était pleine et déjà levée. Elle alla traire sa vache et versa un peu de lait en prononçant ces mots :

– Dieu le veut, j'aurai des enfants et ils grandiront comme la lune qui s'est élevée cette nuit jusqu'à sa plénitude.

Elle revint chez elle et s'endormit.

Le lendemain matin, la femme rassembla ses pots de cuisine, en emprunta un de plus à sa sœur et se dirigea vers un sycomore.

Tout à coup, le ciel devint rouge, enflammé par le soleil levant.

Suivant les instructions du sorcier, la femme remplit ses pots avec les fruits du sycomore puis les transporta à sa hutte et partit faire une grande promenade.

Quand elle se sentit fatiguée, elle s'allongea sous un figuier et s'endormit. A midi, le soleil à son zénith la réveilla. Elle attendit tout l'après-midi que le jour tombe pour reprendre le chemin de son foyer.

La femme s'immobilisa, en entendant tout près de sa maison des voix d'enfants qui jouaient. « Comment est-il possible que j'entende des enfants jouer dans la maison ? » se dit-elle.

Elle entra dans sa hutte et la trouva regorgeant d'enfants. Tout son travail était fait : les filles balayaient le sol et les garçons ramenaient ses deux vaches et ses chèvres des pâturages.

Puis, elle vécut heureuse grâce à tous ces enfants qui resteraient toujours à ses côtés.

Mais un jour, elle les gronda :

– Vous n'êtes rien de plus que les enfants d'un sycomore !

Alors, les enfants se turent et ne dirent plus un mot. Profitant d'une de ses sorties au village, ils s'en allèrent secrètement. Ils regagnèrent le sycomore, se transformèrent de nouveau en fruits et disparurent.

De retour à sa hutte, la femme découvrit qu'ils n'étaient plus là. Elle en pleura toute la nuit.

Au matin, les enfants n'étant toujours pas revenus, elle se mit en route une fois de plus vers la maison du sorcier. De nouveau, elle reprit le sentier des éléphants et traversa le ruisseau où les impalas, les daims et tous les autres animaux venaient boire, et elle poursuivit son chemin jusqu'à la colline des Sages Décisions. Le sorcier était assis près de sa hutte.

– Que dois-je faire à présent ? Les enfants que tu m'avais donnés sont partis, lui dit-elle.

– Je ne sais pas ce que tu dois faire, répondit le sorcier.

– Dois-je encore une fois chercher parmi les feuilles du sycomore ?

– Va, essaie toujours, répliqua-t-il.

La femme retourna à sa hutte et, le lendemain matin, elle rassembla tous ses pots et en emprunta un de plus à sa sœur. Les enfants de sa sœur se réveillèrent et lui demandèrent où étaient partis leurs cousins et s'ils étaient revenus. Elle ne trouva pas les mots pour leur répondre et ne sut que pleurer.

Munie de ses pots, elle marcha en direction du sycomore et grimpa à ses branches comme elle l'avait fait la fois précédente.

Mais, ô surprise ! les fruits la regardaient fixement et elle eut si peur qu'elle ne put bouger. Toute la journée, elle resta perchée dans l'arbre, le regard rivé aux fruits sans le moindre battement de paupière et tous les membres raidis par la peur.

Un peu avant le crépuscule, elle appela deux jeunes guerriers qui passaient par là pour qu'ils l'aident à descendre et la raccompagnent au village.

Jamais plus elle ne chercha d'enfants. Sa hutte restait silencieuse, vide, et elle pleurait souvent des nuits entières. Bien des années plus tard, elle sanglotait encore.

Les enfants demeurèrent silencieux quand la grand-mère de Konyek eut terminé l'histoire.

Une branche crépitait dans le feu. Et, dehors, les cigales chantaient.

Après une pause, la grand-mère demanda à Konyek :

– Pourquoi les enfants ont-ils abandonné la femme, mon fils?

– Parce qu'elle a été ingrate et n'a pas su apprécier ce qu'elle avait reçu. Pour cela, Dieu l'a punie, répondit Konyek sans hésiter.

La vieille femme hocha la tête en signe d'approbation.

C'est alors que Parmet lança un regard jaloux à son cousin, favori de sa grand-mère, qui avait su répondre intelligemment.

La nuit tomba et les enfants s'endormirent excepté Konyek allongé sur une peau. Le regard et la haine que lui portait Parmet le chagrinaient. Alors, il sortit furtivement et appela doucement Nuage de novembre. L'animal reconnut sa voix et vint à lui.

L'enfant passa un bras autour de son cou et contempla le sommet resplendissant du Kilimandjaro, montagne sacrée de son peuple et résidence des dieux. Konyek oublia vite son cousin en se plongeant dans la contemplation des cimes. Puis, il s'endormit, rêva qu'il était un oiseau d'argent et son nid une étoile suspendue au-dessus de la montagne.

4. Saison de disette

Au fil des mois, la verdure de la plaine et des collines sécha. La terre perdit son manteau vert et devint poussiéreuse et brune. La rivière qui passait tout près du village ne chantait plus. Son silence annonçait les mois de disette.

Konyek, toujours accompagné de Nuage de novembre, s'aventurait loin de chez lui à la recherche de pâturages. De temps en temps, il apercevait son cousin et, quand leurs regards se croisaient, les yeux de Parmet se chargeaient de haine.

Quand ils étaient enfants, ils jouaient

ensemble et partageaient leurs secrets. A présent, Parmet n'adressait plus la parole à son cousin et Konyek craignait qu'il s'en prenne à Nuage de novembre.

Les éclairs sillonnaient le ciel quand avril arriva. Konyek regardait le grand oiseau messager de la pluie battre de ses ailes les nuages argentés.

Mais il ne pleuvait pas.

Les dieux lançaient le tonnerre et la foudre, et il ne pleuvait toujours pas.

Chaque après-midi, les ombres déclinaient, les nuages s'amoncelaient et le ciel s'obscurcissait. Mais, peu après, le soleil détruisait les nuages et la sécheresse durait.

Mai – dernier mois de l'année pour les Masaïs – s'acheva et les gens attendaient toujours la pluie. La lune grossissait, décroissait mais le temps ne changeait pas. Elle doublait de volume jusqu'à être pleine et ronde puis se dégonflait pour devenir une petite cicatrice sur le ciel. Et le soleil continuait à brûler la terre.

L'herbe était rase et blanche comme les chaumes d'un champ de blé mois-

sonné. Tous les ruisseaux étaient secs, si bien que Konyek était obligé d'aller toujours plus loin à la recherche d'eau et de pâturages pour le troupeau de son père.

L'enfant commençait à s'inquiéter pour le veau. Il savait que pendant la sécheresse, le troupeau dépérissait et que les premières victimes étaient les veaux. Le lait des vaches se tarissait comme les rivières, les mares et les marigots.

Nuage de novembre était sevré mais il n'avait pas la force d'un animal adulte pour résister à la famine qui s'étendait à tout le pays.

Le soir, Konyek retournait au village et priait Dieu, en chantant avec les garçons et les filles, pour qu'il pleuve :

Tombe, pluie, tombe.
Prends la peau sèche de la terre
et étanche ma soif.
Tombe, pluie, tombe.
Prends la peau dure de la terre,
apporte-nous le lait et le pâturage
maintenant.

Les vieux du village, qui sont autant de grands-pères pour les enfants, brûlaient dans un feu de bois sacré un charme donné par un sorcier. Ils se regroupèrent autour du feu et chantèrent l'hymne des vieux :

– Assez, Dieu noir ! cria l'un d'eux.

Et les autres répliquèrent en chœur :

Dieu que nous prions,
Gorge-nous d'eau aujourd'hui !

Un des hommes cria à nouveau :

– Assez, Dieu noir !

Les autres lui répondirent en chœur :

– Va-t'en, sécheresse, va-t'en !

Dieu que nous prions,
Gorge-nous d'eau aujourd'hui !

Les femmes aussi chantèrent leur hymne tout en attachant de l'herbe à l'ourlet de leur jupe. Mais la pluie n'arrivait toujours pas.

Alors, Ol-Poruo, qui avait prédit la sécheresse dans ses rêves, discuta avec les anciens et ils décidèrent de consulter le sorcier. Pour se présenter à lui, ils prirent deux chèvres, une calebasse de bière de miel et se mirent en marche.

Konyek les regarda partir et quitta aussi le village avec le troupeau, en quête de pâturages.

Il remarqua combien Nuage de novembre avait maigri. Sa mère lui donna un peu de lait, mais il savait que, bientôt, tous les habitants et tous les animaux seraient affamés.

Lui-même avait déjà faim. Son estomac était vide.

Heureusement, la douce chaleur du corps de Nuage de novembre l'apaisait.

Ngai, le Dieu de son peuple, l'aiderait. Et le sorcier, fort de son pouvoir, interviendrait pour qu'il pleuve. Pourtant, Konyek ne pouvait attendre qu'il pleuve : il devait trouver de l'eau pour le troupeau tout de suite car il avait promis à Nuage de novembre d'assouvir leur soif avant le crépuscule.

Il se dirigea vers la vallée où l'eau des collines s'accumule quand le reste de la terre est sèche.

Konyek ne s'aperçut pas que Parmet le suivait. Il remarqua simplement que le lit du ruisseau était plein de pierres et à sec. Il remonta son cours, beaucoup plus haut, comme personne ne l'avait fait auparavant. Il franchit d'énormes rochers, traversa des étendues de hauts bambous, mais il ne trouva pas d'eau.

Il quitta le bord de la rivière et pénétra dans une grande vallée. Là, il découvrit plusieurs espèces animales qui se désaltéraient : la chèvre et la gazelle, le buffle et le babouin, l'hyène et la girafe. Dès que Konyek se fut approché avec son troupeau, les animaux s'éloignèrent mais il ne restait plus qu'une boue épaisse.

L'enfant ne savait plus quoi faire. Partout, il ne trouvait que la terrible chaleur du soleil et la poussière. Le troupeau avait besoin d'eau, surtout Nuage de novembre. Dans son désespoir, Konyek retourna vers la montagne et, contemplant l'éblouissante blancheur de sa cime, il étendit les bras en guise de prière.

Il tourna son regard vers la vallée et vit au loin une petite silhouette. L'homme courait et portait à la main un arc et une flèche. Il se reposa un instant et reprit sa course. A ce moment-là, Konyek entendit le chant d'un oiseau de miel et comprit que cet homme était un Dorobo*. Il suivait l'oiseau qui le menait à une ruche.

Konyek abandonna le troupeau et courut vers le Dorobo pour lui demander où trouver de l'eau.

Les Dorobos sont des nomades sans logis, des chasseurs d'éléphants et des mangeurs de miel. Ils connaissent aussi bien les secrets de la terre que les animaux.

Konyek le suivait rapidement tandis que Parmet, caché dans les buissons, l'observait. Il vit son cousin quitter le lit asséché de la rivière et courir le long du flanc de la colline où poussent des cassiers à fleur jaune et des arbres écarlates.

Quand l'oiseau de miel se posa sur un arbre où les abeilles avaient leur essaim, Parmet vit que Konyek avait rattrapé le Dorobo.

Le chasseur n'avait pas vu ni entendu Parmet car il était beaucoup trop loin de son ouïe fine et de sa vue perçante. Mais il savait que Konyek était là : il avait

* Dorobo : membre d'une autre tribu du Kenya.

entendu le bruit de ses pas contre la terre comme le roulement étouffé d'un tambour, et il avait sentit son odeur.
– Comment va le troupeau ? demanda le Dorobo, connaissant la tribu Masaïs, tout en saluant le garçon.
– Les anciens sont allés visiter le sorcier pour qu'il pleuve et que l'herbe nourrissante réapparaisse sur la terre, lui répondit Konyek.

Le chasseur hocha la tête et parut oublier le garçon. Puis il enfonça un bâton que les Masaïs appellent mâle dans un morceau de bois lisse qu'ils nomment femelle. Il fit tourner le bâton entre ses mains et une étincelle jaillit. Il disposa alors de l'herbe sèche sous un peu de fumier qu'il plaça dans l'écorce de l'arbre où se trouvaient les abeilles. Konyek attendit patiemment car il aurait été impoli de sa part de demander subitement au Dorobo ce qu'il désirait savoir.
– La fumée fera bientôt sortir les abeilles, dit le chasseur. Attends un instant et nous partagerons le miel. Mais nous en laisserons un peu pour l'oiseau, sinon il me maudira pour mon égoïsme.

Konyek était affamé et la saveur douce du miel l'enchanta d'autant plus qu'il en mangeait rarement.

Mais il ne put attendre plus longtemps. Son inquiétude pour le troupeau était bien plus grande que son désir de miel. Il remercia le petit homme aux jambes minces et courbées comme les branches d'une aubépine, aux petits yeux brillants comme ceux d'un oiseau.

– Chasseur, toi qui sais tant de choses sur les mœurs des animaux et des oiseaux, as-tu vu des points d'eau au cours de tes explorations? demanda Konyek.

– Pas très loin d'ici, il y a une mare creusée par les éléphants à l'aide de leurs énormes pattes durant la sécheresse, répondit le chasseur. Va là-bas et regarde. Peut-être que la mare n'est pas complètement tarie.

Il expliqua à Konyek comment trouver l'endroit. L'enfant le remercia encore une fois et repartit en courant vers son troupeau.

Il mena le bétail dans la direction indiquée par le chasseur, sans s'apercevoir que Parmet le suivait. Il regardait droit devant lui en scrutant anxieusement la terre à la recherche de l'eau. Il découvrit enfin une petite bande d'éléphants qui buvaient comme le lui avait dit le Dorobo. Il attendit impatiemment qu'ils aient fini. Et, quand ils s'éloignèrent, Konyek s'approcha avec son troupeau. Il marchait en tête et Nuage de novembre accourait quand il l'appelait par son nom et trottinait à ses côtés comme le font les chiens. Il le laissa boire le premier car les vaches risquaient de troubler l'eau. Il était tellement inquiet pour ses bêtes qu'il en oublia sa propre soif.

Puis il vit son cousin arriver avec le troupeau de son oncle. Mais Parmet avait tardé. En buvant, les vaches de Konyek avaient sali l'eau de boue. Les deux garçons n'échangèrent pas un seul mot et Konyek sentit la haine de son cousin.

L'œil vif de Konyek décela soudain un mouvement entre les broussailles, au pied des collines. Il regarda attentivement sans bouger.

C'était un lion prêt à tuer.

Son allure lente de chasseur trahissait clairement ses intentions. Konyek alerta son cousin en criant quand le fauve se dirigea vers le troupeau, mais Parmet ne répondit pas. Le lion guettait toujours les vaches de ses yeux jaunes.

Konyek pouvait à peine respirer tant il avait peur. Il se plaça devant Nuage de novembre pour le protéger mais le lion continuait à avancer. Quand il fut tout près, Konyek sentit son cœur battre à grands coups. Le troupeau ne bougeait pas, pétrifié par la peur. Le lion

était maintenant à moins de trente mètres, les yeux rivés sur le veau.

Ne pensant qu'à Nuage de novembre, Konyek se mit à courir vers le lion en criant et en agitant son bâton pour l'intimider. Mais la bête s'élança aussi vers l'enfant.

Tout à coup, une flèche zébra l'air, rapide comme l'éclair, et se ficha dans le cœur du lion. Celui-ci vacilla et s'effondra. C'était le Dorobo, l'ami de Konyek qui, passant par là, l'avait sauvé en tirant une flèche.

Le petit homme s'approcha et, fixant

Konyek de son regard aimable et brillant, il lui donna du miel.

– Tiens, déguste sa douceur en ces temps de disette, lui dit-il.

Avant même que Konyek ait pu le remercier d'avoir tué le lion, le Dorobo disparut aussi vite qu'il était venu.

Konyek goûta le miel, le trouva délicieux, mais en garda une partie pour ses frères et sœurs. Quand il reviendrait au village, ceux-ci seraient tout heureux d'en manger car ils étaient affamés. Ensuite, il leur raconterait comment le Dorobo l'avait sauvé avant de lui offrir ce miel. Mais il ne dirait rien de la lâcheté de Parmet parce qu'ils étaient du même clan, c'est-à-dire comme des frères. Et si les filles et les garçons apprenaient que Parmet avait ignoré ses appels au secours, ils se moqueraient de son cousin.

Konyek – qui ne garda aucune animosité envers Parmet – fut couvert d'éloges pour son courage. Il pria son père de se souvenir de ce jour et, après la circoncision, quand il serait un homme, de lui donner le veau.

Le soir, quand ils s'assirent autour du feu, les enfants avaient de nouveau le ventre creux. Pour qu'ils oublient la faim, la grand-mère de Konyek raconta l'histoire du premier Dorobo.

5. Le premier Dorobo

À l'origine, bien avant que Dieu crée les vaches, les buffles, les forêts et les montagnes, trois créatures vivaient sur terre : une éléphante, un serpent et un Dorobo. Puis Dieu créa une vache, le Dorobo l'adopta et devint berger. Et les animaux et l'homme vécurent ensemble.

L'homme s'attachait toujours plus à la vache mais n'aimait pas le serpent dont le souffle lui brûlait tout le corps. Un jour, l'homme lui en demanda la raison.

– Oh ! Je ne veux pas te faire du mal par

mon souffle. Il faut que tu me pardonnes, répondit le serpent.

Le Dorobo ne dit rien, mais ne pardonna pas. Et, dans la nuit, il le frappa à la tête avec son bâton et le tua.

Le lendemain, l'éléphante chercha son minuscule ami et demanda au Dorobo :

– Où est passé le plus menu d'entre nous ?

Le Dorobo répondit qu'il ne le savait pas. Dans sa grande sagesse, l'éléphante devina ce qu'avait fait l'homme et comprit qu'il ne voulait pas avouer sa faute. Elle sut qu'il n'y avait plus rien à faire car son ami était mort, et elle se tut.

Vint la nuit, la pluie se mit à tomber. Il y eut de l'herbe pour la vache et de l'eau à boire. Quelque temps après, l'éléphante eut un petit dont elle s'occupa tendrement et qui grandit. Au fil des mois, les pluies cessèrent, l'herbe devint rare et les ruisseaux s'asséchèrent.

Il ne resta qu'une mare où, lorsqu'elle avait mangé, l'éléphante allait boire avant de s'y coucher pour se rafraîchir. Voilà pourquoi l'eau était boueuse quand le Dorobo arrivait avec sa vache. Il se dit : « Si je tue l'éléphante, elle ne se vautrera plus dans la mare et ma vache pourra étancher sa soif, le soir. Mais l'éléphante est beaucoup plus grosse que moi. Comment faire pour m'en débarrasser ? » Il inventa alors l'arc et la flèche, lança celle-ci sur l'éléphante et la tua.

L'éléphanteau, à présent tout seul et triste, se dit : « Il vaut mieux que je ne reste pas plus longtemps ici avec ce Dorobo car il est cruel. Il a d'abord tué le serpent, puis ma mère. Je vais partir et vivre quelque part ailleurs. »

Il erra des jours et des nuits jusqu'à ce qu'il découvre un lieu où il y avait beaucoup d'arbres, d'herbe et d'eau. Il décida de s'y installer.

Un jour, il rencontra un Masaïs qui lui demanda d'où il venait. L'éléphanteau répondit :

– Je viens du pays du Dorobo, très loin dans la forêt. Il a tué le serpent et puis ma mère. Alors, j'ai fui et suis venu ici.

Ces nouvelles intéressèrent le Masaïs car il n'avait jamais vu de Dorobo. Il demanda à l'éléphanteau de le conduire jusqu'à cet homme. L'éléphanteau accepta et ils se mirent en route.

Quand, enfin, ils arrivèrent devant la hutte du Dorobo, le Masaïs l'examina avec curiosité car elle était faite d'herbe sèche et ressemblait à un grand nid d'oiseau dressé vers le ciel. Comme le Dorobo était à l'intérieur, il ne vit pas le Masaïs. A ce même moment, Dieu appela le Dorobo et lui dit :

– Demain à l'aube, monte en haut de la colline, j'ai quelque chose à te dire.

Le Masaïs entendit aussi les paroles de Dieu et, le lendemain matin, il se leva avant le Dorobo, escalada la colline et cria à Dieu :

– Voyez, je suis là !

Alors, Dieu lui ordonna de se munir d'une hache et de construire en trois jours un grand village. Puis d'aller chercher dans la forêt un petit veau que Dieu avait caché entre les arbres. Puis de ramener le veau au village, de le tuer, de le dépecer et de suspendre la viande à l'abri. De ne pas en manger et de fixer la peau à la porte de sa hutte. Il devait ensuite couper beaucoup de bois, allumer un grand feu et disposer la viande de veau dans les flammes. Puis il se cacherait dans sa hutte et entendrait alors un bruit terrible comme le tonnerre. Mais il ne devait pas s'alarmer ni s'étonner.

Le Masaïs s'exécuta. Il alla dans la forêt, chercha et trouva le veau. Il l'emmena au village, le sacrifia, le dépeça et l'accrocha. Il débita du bois, alluma un grand feu et y déposa la viande. Enfin, il pénétra dans la hutte et s'y cacha comme Dieu l'avait ordonné. Tout à coup, il entendit l'énorme fracas semblable au tonnerre mais, se souvenant de la promesse de Dieu, il ne fut ni effrayé ni étonné.

Caché dans la hutte, le Masaïs ne pouvait voir la cause de ce vacarme. Dieu avait aussi ordonné d'accrocher au ciel une longue bande de peau qui rejoignait celle de la bête sacrifiée.

Et il faisait descendre un troupeau sur ce chemin de cuir. Le village fut bientôt envahi par les animaux, serrés les uns contre les autres. A la fin, ils renversèrent la hutte où était caché le Masaïs.

Oubliant les paroles de Dieu, celui-ci s'écria, effrayé et étonné :
– Oh! Oh!

Il sortit de la hutte et la bande de peau se rompit. Plus aucune vache ne descendit du ciel. Dieu dit :
– As-tu donc assez de vaches? Tu as douté de mon pouvoir, tu n'as pas eu confiance en moi, tu as laissé la frayeur et la stupeur entrer en toi. Je ne te donnerai plus de vaches, ni aujourd'hui ni jamais. C'est tout ce que tu auras.

Le Masaïs retourna chez lui avec le troupeau que Dieu lui avait accordé à lui à la place du Dorobo. Il en prit bien soin et le bétail se multiplia. Grâce à sa ruse, le Masaïs s'était approprié le troupeau. Aussi, le Dorobo devint-il chasseur, décochant des flèches pour se nourrir.

C'est pourquoi les Masaïs, à qui Dieu donna le troupeau, croient que toutes les vaches de la terre leur appartiennent. Quand ils voient celles des autres tribus, ils pensent qu'on les leur vole et disent :
– Laissez ces vaches, elles sont à nous. Dieu ne nous a-t-il pas donné tout le

bétail qu'il a créé quand il l'a amené sur terre?

Les enfants souriaient, heureux que tous les troupeaux du monde appartiennent à leur peuple. Mais Konyek songea à son ami le petit chasseur, et il eut de la peine pour les Dorobos, obligés de tuer les éléphants pour se nourrir parce qu'ils n'avaient pas de lait de vache.

L'enfant s'allongea près de ses frères et sœurs pour dormir.

Dehors, un oiseau de nuit hululait. La lune apparaissait et disparaissait entre les nuages poussés par le vent.

Soudain, un coup de tonnerre claqua, puis un autre. Les enfants se réveillèrent et les plus petits pensèrent que Dieu envoyait encore plus de vaches sur la terre. Les aînés, eux, attendirent anxieusement le murmure de la pluie. Ol-Poruo sortit de sa hutte et contempla les éclairs brillants comme l'acier qui zébraient le ciel. Et lui aussi, il écouta et attendit.

Mais la pluie ne vint pas.

6. L'attaque

La soif rassembla tous les animaux : les éléphants, les zèbres, les gazelles, les buffles, les girafes et les rhinocéros cherchant de l'eau et de l'herbe, formèrent un grand cortège confus. Dans leur terrible quête, ils soulevaient derrière eux un nuage de poussière rouge et certains moururent en chemin.

Konyek avait déjà vu les premiers corps sans vie d'un éléphant et d'un bébé zèbre. Il en vit beaucoup d'autres les jours suivants car c'est de cette manière que la nature réduit le nombre des bêtes quand il y en a trop.

Voyant les premiers veaux mourir,

Konyek craignit pour le troupeau de son père et surtout pour Nuage de novembre.

Son grand-père Ol-Poruo du Bouclier invincible convoqua tout le village et dit :

– La sécheresse est proche. C'est l'époque où les petits oiseaux suivent les troupeaux et où la terre attend la pluie. Le ciel n'est pas prêt à arroser la terre, le grand oiseau des cieux ne bat plus l'eau de ses ailes et le dieu noir ne gronde pas derrière les nuages. Il n'y a pas plus d'herbe autour du village que de poil dans le creux de ma main. Nous attendrons quelque temps encore et, si la pluie ne tombe pas, nous partirons et chercherons de nouveaux pâturages pour notre troupeau.

Les villageois écoutèrent ces paroles et murmurèrent leur approbation.

Ce jour-là, Konyek retourna à la mare que le Dorobo lui avait indiquée. Il y trouva quelques éléphants. Trois d'entre eux qui creusaient avec leurs énormes pattes de devant atteignirent l'eau. Ils attendirent que la boue se dépose, tout en surveillant leurs petits qui désiraient se jeter à l'eau pour calmer leur soif. En patientant, le garçon vit des bébés babouins agrippés au dos de leur mère et des lézards craintifs se déplaçant vite et sans bruit sur la roche où il était assis. Immobile, brillant et chaud, le soleil pénétrait la terre assoiffée.

Quand les éléphants eurent fini de boire, il restait un peu d'eau. Konyek attendit que la boue se dépose et s'approcha avec le troupeau. Quand les vaches eurent bu toute l'eau, il ne resta plus que la boue. Il vit Parmet arriver et pensa à la rancœur de son cousin dès que celui-ci s'apercevrait qu'il n'y avait plus d'eau pour son troupeau.

Les deux garçons laissèrent leurs troupeaux paître ensemble les quelques pousses d'herbes sèches, mais ils ne se parlèrent pas. Konyek s'éloigna avec son troupeau quand, soudain, un cri effrayant déchira le silence. Son sang se glaça comme l'eau de la montagne.

Il reconnut ce hurlement avant même de voir le scintillement des lances du groupe de guerriers qui couraient vers lui en lançant leurs cris horrifiants. Terrorisé, il tenta de pousser le troupeau

devant lui pour qu'il se disperse dans les broussailles. Mais, déjà, les hommes étaient presque sur lui et il jeta les bras autour du cou de Nuage de novembre pour essayer de le sauver. L'éclair d'une lance l'éblouit et il sentit une douleur cuisante à l'épaule droite. Une vague sombre roula sur lui et il tomba à terre, inconscient.

Parmet avait couru à toute vitesse se cacher dans les broussailles. Tremblant de peur, il avait vu, entre les feuilles, la lance frapper son cousin et celui-ci tomber. Maintenant, il regardait les pillards emmener une partie du troupeau vers les collines, de l'autre côté de la vallée. Quand ils furent hors de vue, Parmet regroupa ce qui restait du troupeau du père de Konyek, le joignit au sien et, ayant jeté un regard à son cousin à terre, se mit en route vers le village.

Il savait que Konyek agonisait sur la terre brûlante, mais il ne ressentit aucune pitié. Il ne pensa qu'à la manière dont il gagnerait l'admiration de la tribu en racontant l'histoire qu'il avait déjà inventée. Il serait alors le favori d'Ol-Poruo et couvert d'éloges par ses parents.

De retour au village, il raconta l'agression ainsi :

– J'ai trouvé de l'eau et Konyek m'a suivi. Après avoir fait boire les animaux, il s'est allongé à l'ombre avec son veau préféré, et s'est endormi la tête sur les flancs de l'animal. Soudain, les voleurs sont arrivés. En entendant leurs terribles cris, Konyek a couru se cacher dans les broussailles. Alors, je suis resté avec mon troupeau et le sien, dont je m'occupais pendant que lui dormait à l'ombre. Je n'ai pas pu protéger tout le bétail contre les guerriers. J'ai appelé Konyek en criant mais il a fui et s'est caché. Les pillards ne m'ont pas fait de mal mais ils ont pris une partie du troupeau de mon oncle. Le reste, je l'ai ramené avec le mien. J'ai appelé Konyek. Il n'a pas répondu. Je l'ai cherché en vain. Et je n'ai pas pu m'attarder, car il fallait que j'informe nos guerriers pour qu'ils tentent de récupérer les bêtes. Voilà pourquoi je reviens sans mon cousin.

Les villageois le félicitèrent et, modeste, il accepta leurs louanges. Seul Ol-Poruo le complimenta avec réticence car il lisait dans le cœur de Parmet et n'y voyait que du mensonge.

Au contraire, les parents de Konyek avaient honte, certains que leur fils avait fui lâchement et abandonné le troupeau.

Mais ils n'avaient plus le temps de penser à tout cela. Déjà, Ol-Poruo ordonnait que les guerriers se présentent devant lui. Ceux-ci habitaient un autre village avec les jeunes garçons qui deviendraient guerriers à leur tour, et les jeunes filles. Le village n'était pas très loin et les hommes arrivèrent bientôt, munis de leurs lances et de leurs boucliers. Quand ils furent tous réunis, le vieil homme versa sur le sol du lait et du vin de miel en disant :

– Dieu le veut ainsi.

Les femmes arrosèrent de lait les guerriers pour les bénir et ils partirent. Parmet leur avait indiqué la direction à prendre et il leur avait décrit les signes sur les boucliers des pillards afin qu'ils sachent à quelle tribu ils appartenaient. Les guerriers trouvèrent des empreintes sur le sol, et ils les suivirent sans bruit, en file indienne, chacun occupant la place correspondant aux emblèmes de son bouclier. Ils se déplaçaient rapidement, impassibles et résolus.

Le père de Konyek partit à la recherche de son fils accompagné de Marangu. Très inquiets, la mère et les grands-parents de l'enfant les suivirent du regard jusqu'à ce que leurs silhouettes se perdent dans le lointain. Ils fixèrent l'horizon toute la journée. Et quand, enfin, Marangu et le père réapparurent, Konyek n'était pas avec eux.

Le lendemain, les mères et les sœurs de Konyek et de Parmet se rendirent au village des guerriers, attendant leur retour. Elles partirent très tôt, attachèrent des herbes autour de leurs tailles et prirent des calebasses de lait en disant :

– Nos fils seront bientôt de retour et ils auront peut-être faim.

Et, avant que l'étoile du matin disparaisse, les femmes prièrent Dieu en chantant :

Dieu que nous prions pour nos fils
Rends-les-nous sains et saufs
Rends-nous nos fils, nous t'en
[prions.

Elles scrutèrent l'horizon et attendirent. Quand la nuit commença à tomber, l'une des femmes poussa un cri. Elle avait aperçu les guerriers qui revenaient avec le troupeau. Toutes les bêtes avaient été récupérées sauf Nuage de novembre.

Les gens étaient maintenant convaincus que Parmet avait dit la vérité. Konyek s'était éloigné du troupeau pour dormir à l'ombre, la tête sur les flancs du veau. Ol-Poruo eut le cœur lourd en apprenant la nouvelle. Mais les garçons et les filles de l'âge de Konyek le méprisèrent car il avait agi comme un lâche en abandonnant le troupeau de son père.

Ce soir-là, dans la hutte, autour du feu, les enfants se taisaient. Konyek, si doux et patient avec eux, leur manquait. Et la tristesse des cœurs flottait dans la chaleur tranquille de la pièce où les flammes faisaient bouger des ombres.

Au matin, ils s'en allèrent. Ils ne pouvaient attendre Konyek car le troupeau avait faim et soif, et il n'y avait plus d'herbe ni d'eau.

7. Le petit chasseur

Pendant que les pillards emmenaient le troupeau, le chasseur Dorobo suivait l'oiseau de miel. Celui-ci volait d'arbre en arbre, appelant le chasseur, et l'attendait sur une branche jusqu'à ce qu'il le rejoigne. C'est ainsi que le Dorobo arriva dans la vallée où il avait déjà vu les éléphants creuser avec leurs pattes et trouver de l'eau. Il sentit l'odeur du bétail, vit les bouses fraîches sur le sol et sut qu'un troupeau était passé par là récemment.

Sa vue perçante lui permit alors de repérer au loin une silhouette gisant à terre et il courut vers elle. L'oiseau l'appela encore et encore, mais le chasseur continua sans se retourner, pas même pour un coup d'œil en arrière. D'où il était, il avait reconnu Konyek.

Il le trouva à l'endroit même où il était tombé, sans connaissance et baignant dans son sang. Il le souleva doucement et le porta jusqu'au pied des collines. Là, il tailla un abri dans la masse des buissons, fit un lit avec des branches et y étendit Konyek. Puis il partit chercher certaines racines et de l'écorce de cassier, revint et fit un feu de brindilles. Ensuite, il versa un peu de sa précieuse eau dans une calebasse et y fit bouillir les racines et les écorces.

Il lava la plaie du garçon et la couvrit de feuilles cicatrisantes. La nuit tomba et le petit chasseur le veilla anxieusement car l'enfant était très malade.

Konyek ne reprit connaissance que le jour suivant. Pendant tout ce temps, le Dorobo était resté près de lui, immobile et sans cesser de le fixer. Dès que le garçon ouvrit les yeux, il lui donna à boire l'eau où l'écorce avait bouilli afin que la fièvre tombe. Il prit ensuite un bout d'écorce de *podo* dans sa bourse en cuir et la fit aussi bouillir dans de l'eau pour soulager la douleur.

Pendant deux jours, l'enfant eut beaucoup de fièvre. Il ne savait plus où il était ni qui l'avait secouru. Infatigable, le chasseur soigna sa blessure.

Dans l'après-midi du second jour, un vieil homme passa dans la vallée inondée de soleil. Le Dorobo courut vers lui, pensant qu'il était peut-être du même village que Konyek et qu'il pourrait alors donner des nouvelles du garçon à sa famille. En outre, le chasseur désirait savoir ce qui s'était passé dans la vallée. Il espérait que le vieil homme le savait car les nouvelles voyagent vite de bouche à oreille.

L'ancien n'appartenait pas au village de Konyek, mais il habitait à côté et connaissait toute l'histoire. Il la raconta au Dorobo, et lui apprit aussi que les guerriers avaient récupéré le troupeau excepté un veau noir avec une tache comme un nuage blanc sur le front. Il ajouta que Konyek avait pris ce veau avec lui quand il s'était endormi à l'ombre.

Le Dorobo douta de l'histoire qu'avait

racontée Parmet. Il avait vu l'attitude courageuse de Konyek, tentant de protéger son bétail, lors de l'attaque du lion et son acharnement à chercher l'eau pour son troupeau. Il n'en discuta pas avec le vieil homme et lui dit simplement que le garçon était gravement blessé et encore inconscient. Il lui montra l'endroit où il l'avait trouvé et lui demanda d'en informer sa famille. Il ne pouvait quitter l'enfant malade pour leur porter le message personnellement. Le vieillard promit de le faire et reprit sa route sous le soleil brûlant.

Et le chasseur retrouva la fraîcheur de l'abri dans les buissons.

Au matin, la fièvre commença à baisser et la douleur à se calmer. L'enfant se souvenait maintenant de tout ce qui s'était passé. Il reconnut enfin le visage du petit chasseur, penché sur lui, anxieux, et soignant sa blessure avec douceur. Il lui demanda :

– Où est le troupeau ? L'ennemi a-t-il volé toutes les bêtes ?

– Non, pas toutes. Mais vos guerriers ont déjà récupéré celles qui manquaient. Il y a trois jours que tu es couché. Tu as été gravement blessé et tu as perdu beaucoup de sang. A un moment, j'ai craint pour ta vie.

Il hésita, puis continua :

– Hier, j'ai discuté avec un vieil homme. Il m'a raconté ce qui s'est passé car il habite tout près de ton village. Il m'a dit que la seule bête que les guerriers n'ont pas retrouvée, c'est un veau noir avec une tache blanche sur le front. Parmet, ton cousin, a dit que l'animal était avec toi.

Le chasseur observa attentivement Konyek qui fronça les sourcils.

– Nuage de novembre était avec moi et j'étais avec le troupeau. Je ne comprends pas les paroles de mon cousin. Que t'a encore dit le vieil homme ?

Le Dorobo le lui répéta et il vit les yeux du garçon briller de colère comme ceux d'un léopard exaspéré. Konyek brûlait de rage, ce qui lui arrivait très rarement car il était d'habitude calme et paisible. En cela, comme en beaucoup d'autres choses, bien qu'il n'en sache rien, Konyek ressemblait à son grand-père Ol-Poruo.

Il dit au chasseur que Parmet avait

menti, qu'il l'avait abandonné dans la vallée pour qu'il meure car il le haïssait. Le Dorobo le regarda tranquillement, certain que le garçon disait la vérité.

Konyek resta silencieux. Il ne pensait pas à la trahison de son cousin mais à Nuage de novembre que les guerriers n'avaient pas retrouvé. Dès qu'il aurait recouvré ses forces, il partirait à sa recherche. Bien sûr, il lui fallait la permission de son père et il craignait que celui-ci le lui interdise. Mais comment rester sans rien faire pour son veau ? Il était tiraillé entre son amour pour Nuage de novembre et l'obéissance qu'il devait à son père. Le respect et l'obéissance envers les aînés étaient, en effet, considérés avec le plus grand sérieux chez les anciens.

Tourmenté par ces pensées, Konyek était agité et nerveux.

En retrouvant le veau, il prouverait son courage et peut-être aussi regagnerait-il l'estime de sa famille car il n'avait aucune preuve pour confondre Parmet.

Le Dorobo partit chasser pour qu'ils aient à manger. Konyek, inquiet, resta dans l'abri et contempla la vallée. Il faisait chaud et sec. Tout était calme. Des animaux passèrent, errant à la recherche d'eau et de nourriture. Konyek pensa que Nuage de novembre était peut-être mort de soif et que c'était pour cette raison que les guerriers ne l'avaient pas retrouvé. Il chassa très vite cette pensée de son esprit et essaya de marcher un peu pour retrouver ses forces plus rapidement. Il était impatient de repartir.

Le chasseur revint avec une petite gazelle qu'il dépeça et fit rôtir. Konyek n'en voulut pas car les siens ne mangeaient que du bœuf ou de la chèvre. Et encore, ils ne sacrifiaient un bœuf que pour un jour de fête car ils aimaient leur troupeau et connaissaient chaque bête par son nom. Au lieu de consommer la viande de l'animal, ils lui prenaient un peu de sang en perçant une veine du cou avec la pointe d'une flèche. Ils recueillaient le sang goutte à goutte dans une calebasse, puis stoppaient l'écoulement avec un tampon de bouse. Le sang mélangé à du lait était leur principale nourriture.

Konyek mangea les noix que le chas-

seur lui offrit, ainsi que les racines qu'il n'avait pas encore goûtées, et du miel reconstituant. Voyant qu'il était inquiet, le Dorobo lui raconta les exploits d'Ol-Poruo au temps où celui-ci était un guerrier. Il relata à l'enfant comment lui, le petit chasseur, avait contribué à peindre le célèbre bouclier d'Ol-Poruo. Il avait broyé les baies écarlates d'un arbre pour obtenir la couleur rouge des dessins. Les Masaïs ne fabriquaient jamais leurs boucliers, mais commandaient ce travail aux Dorobos. Ils les payaient avec des chèvres et des vaches, les traitant comme leurs domestiques, tout comme les étameurs de la tribu d'El Kuono. Ces derniers tamisaient le sable de la rivière afin d'en extraire le minerai de fer qu'ils fondaient pour fabriquer des lances et des bracelets.

Les hommes d'El Kuono avaient remis le bouclier à Ol-Poruo en plein milieu d'une bataille célèbre. A l'évocation du courage de son grand-père, le cœur de Konyek se remplit d'orgueil. Puis il se souvint comment Parmet avait ruiné sa réputation aux yeux d'un si grand homme. Accablé de honte, il décida de résoudre toute cette affaire lui-même.

La nuit tomba et les étoiles que les Masaïs appellent les « fenêtres » apparurent tout près des trois autres qu'elles veulent épouser et qu'ils nomment les « trois vieillards ». La lune se montra à contrecœur à travers un léger brouillard, comme si elle essayait de se cacher derrière le voile nuptial qu'elle avait porté pour son mariage avec le soleil.

Konyek n'avait pas encore parlé au chasseur de ce qui le préoccupait. Et il voulut savoir où habitaient les pillards, pour tenter de leur reprendre son veau. Le chasseur hésita, préférant attendre l'arrivée de l'un de ses parents car il savait que le garçon ne devait pas partir sans la permission de son père. Mais, comprenant que Konyek aimait ce veau, il décida de l'aider.

– Attendons jusqu'à l'aube, lui dit-il. Dormons d'abord et nous prendrons une décision au réveil.

Konyek accepta, mais il était si impatient qu'il ne parvenait pas à s'endormir. Les heures s'écoulèrent lentement. Il se promena un peu dans la vallée illuminée par la lune et puis retourna à l'abri et s'allongea sur le lit de branches que lui avait préparé le chasseur. Les pensées tournaient dans sa tête comme des feuilles virevoltant dans un tourbillon.

Le chasseur avait le sommeil léger. Même endormi, il entendait le bruit du vent dans les branches ou le barrissement lointain d'un éléphant. Il sentit que Konyek était agité. Le rire fou d'une hyène résonnant dans la vallée le réveilla tout à fait et il dit à l'enfant :

– C'est une vieille hyène chassée par un lion.

– Non, dit Konyek. Elle est encore jeune. Elle a trouvé une femelle et ils s'accouplent.

– C'est vrai, dit le chasseur. Quand une hyène rit, elle est jeune et joyeuse ou vieille et terrifiée. Aucun homme ne peut faire la différence.

– Regarde, dit Konyek, la lune se cache. Va-t-il pleuvoir ?

– La pluie tombera après la pleine lune. Ne sais-tu pas qu'à l'origine, après que le soleil et la lune se sont mariés, ils se sont disputés et frappés ? Le soleil a eu honte et, pour que les gens ne sachent pas qu'il s'était battu, pour dissimuler ses contusions, il s'est caché, boudeur, derrière les nuages. Tandis que la pluie tombait, il s'est mis à briller si fort que personne ne pouvait le regarder sans plisser des yeux. Moins fâchée, la lune est apparue avec un bout de sa joue en moins. Douce et pâle, elle a continué à briller comme avant.

Puis le chasseur s'endormit. Konyek écouta un instant craquer les branches du figuier et les petits cris des chauves-souris et il s'endormit lui aussi.

Quand il se réveilla, le jour et le chasseur étaient déjà levés.

– Dans un moment, le soleil va colorer le ciel en rouge sang. As-tu pris une décision ? demanda-t-il au Dorobo.

Ne voyant personne venir du village, le chasseur lui répondit :

– Oui, j'ai décidé de t'aider.

– Très bien, dit Konyek. J'ai retrouvé mes forces. Partons immédiatement.

Et ils se mirent en route dans la vallée.

8. La tribu émigre

Ceux du village de Konyek partirent eux aussi. Il n'y avait plus d'eau ni d'herbe pour le troupeau. La mère de Konyek sortit de la hutte les calebasses, les peaux de vache et les récipients en corne de buffle et chargea le tout sur le dos d'un âne. Elle prit aussi ses bijoux de perle et quelques peaux de chèvre. Pendant tout ce temps, elle regarda vers la plaine, guettant le retour de son fils. Mais la plaine était déserte.

Les frères aînés et les cousins de Konyek, du groupe des Intrépides, vinrent au village. C'étaient des guerriers et, parmi eux, de jeunes garçons s'entraînaient à l'art de la guerre. Ils vivaient avec les jeunes filles dans un village proche et arrivèrent par deux ou trois. Les hommes étaient grands, élancés et très fiers, les filles sveltes et souriantes.

Les lances des guerriers brillaient au soleil. Leurs cheveux retombaient sur leurs épaules en mèches finement tressées et peintes d'une couleur faite avec la terre rouge et appelée ocre. Parmet les contemplait, impatient de devenir un homme – ce qui n'était pas pour demain – et de vivre avec les guerriers et les jeunes filles.

Il fut content quand, enfin, Ol-Poruo prit son bâton noueux, son chasse-mouches, son sceptre de chef en corne de rhinocéros, et donna le signal du départ, car Parmet, lui aussi, regardait vers la plaine, craignant que Konyek ait survécu et revienne au village pour révéler la vérité. Comme son cousin n'était toujours pas là quand ils se mirent en marche, Parmet se rassura, certain qu'il était mort.

Ol-Poruo, Marangu et les parents de Konyek continuèrent à scruter la plaine jusqu'à ce que le soleil se lève sur la colline. Alors, accablés de douleur, ils partirent aussi et suivirent les groupes de villageois accompagnés de leurs vaches, de leurs chèvres et de leurs ânes.

Les jeunes gens marchaient d'un pas léger sous le soleil et dans le vent. Tous les hommes vêtus de pagnes, toutes les femmes de jupes en peau de chèvre, marchaient rapidement, libres sur leur terre déserte. Nourris de lait, ils étaient habitués à parcourir de grandes distances et ne ressentaient pas la fatigue. Mais le voyage et la chaleur du soleil commençaient à épuiser les vieux et les enfants. Ils firent une halte à midi et se reposèrent sous des arbres aux petites feuilles et aux épines comme des aiguilles.

Les girafes les observaient de leurs yeux rêveurs de somnambules tout en broutant les feuilles des arbres qu'elles arrachaient de leur longue langue.

Marangu s'allongea sur l'herbe, fixant les girafes mais ne pensant qu'à son frère Konyek. Il observa les oiseaux tisserands qui entraient et sortaient de

leurs nids ronds suspendus aux branches et suivit des yeux le nuage d'un blanc intense. Mais il pensait toujours à Konyek. Il posa le regard sur la cime radieuse du Kilimandjaro, la montagne de son peuple, et sa grand-mère lui dit :

– Souviens-toi qu'à l'origine le ciel s'est marié avec la terre et l'a aimée comme un homme aime une femme. Et, comme une femme porte un enfant après que l'homme l'a aimée, la terre a porté l'herbe et les fleurs et a donné naissance au Kilimandjaro, maison de notre Dieu.

Quand la chaleur du soleil fut moins forte, ils reprirent leur marche. Les petits enfants s'assirent sur le dos des ânes avec les peaux de vache et les calebasses. Les mères et les jeunes filles portèrent les bébés sur leurs dos.

Parmet marchait avec les filles et les garçons de son âge nommés Les Grandes Plumes d'Autruche. Ils avaient entre douze et dix-neuf ans, ils ne savaient pas au juste car seul comptait le groupe d'âge auquel ils appartenaient.

Parmet était parmi les plus âgés et les

plus forts, sa voix était grave et il aimait être admiré. Il en avait voulu à Konyek d'être plus populaire parmi les jeunes filles et parce que les enfants préféraient sa compagnie. Mais son cousin n'était plus là pour les séduire avec sa force sereine que toute sa vantardise à lui, Parmet, ne pouvait anéantir. Désormais, tous lui prêtaient bien plus d'attention.

Au début, le soir en se couchant, Parmet pensait à Konyek qu'il avait laissé mourir de sa blessure dans la plaine. Mais, très vite, il l'oublia.

Quand le soleil s'attrista dans le ciel, recouvrant la terre de poussière dorée, la tribu fit une halte près d'un ruisseau à l'eau claire et fraîche. Les gens et les bêtes se désaltérèrent.

Les femmes remplirent leurs calebasses, puis allèrent traire les vaches. Leurs pis étaient presque secs et il fallait laisser un peu de lait pour les veaux. Les hommes firent tourner leurs bâtons entre leurs paumes pour allumer du feu car les nuits étaient froides.

Marangu, ses frères, ses sœurs et sa grand-mère se rassemblèrent autour du feu. Les plus petits pleuraient parce qu'ils avaient faim et que Konyek, si patient et si doux avec eux, était absent. Konyek manquait aussi à sa grand-mère car il était son préféré, et il lui semblait voir le visage de son petit-fils dans les nuages qui défilaient devant la lune. Marangu la tira doucement par le bras et lui dit :

– Tu es triste. Tu penses à Konyek ?

– Oui, mes pensées l'accompagnent comme des feuilles qui suivent le courant de la rivière. Et j'attends la pluie car notre terre est sèche comme les vieux os d'une bête sauvage rongés par les vautours.

– C'est à cause du dieu rouge, dit Marangu. Raconte-nous l'histoire des dieux de la pluie, grand-mère. Il y a longtemps que nous ne l'avons pas entendue.

– Oui ! reprirent les enfants. Raconte-nous cette histoire, grand-mère ! Raconte-la-nous !

Elle accepta, hochant sa tête rasée comme celle de toutes les femmes mariées chez les Masaïs. Elle leur fit un sourire plein de sagesse, et commença :

Un jour, le gentil dieu noir dit au méchant dieu rouge :
– Regarde, le peuple meurt de faim ! Aie pitié de lui, donne-lui de l'eau !

Le dieu rouge accepta et, grâce au dieu noir, des nuages sombres s'amoncelèrent au-dessus de la terre et déversèrent beaucoup d'eau. Alors, le dieu rouge ordonna au dieu noir d'arrêter la pluie car les gens en avaient suffisamment. Mais le dieu noir refusa et la pluie continua à tomber.

Le dieu rouge bouda, ils ne s'adressèrent plus la parole jusqu'à ce que le dieu noir arrête la pluie. Or, la terre était encore sèche et l'herbe n'était ni abondante ni verte. Les dieux se remirent à discuter. Le dieu rouge voulait tuer les humains car le dieu noir les avait dépouillés et le dieu noir lui dit :
– Je ne permettrai pas que mon peuple souffre. Je vis près de lui et toi au-dessus de moi, je suis capable de le protéger.

Il tint sa promesse et le peuple ne

souffrit pas. Aujourd'hui, il continue à veiller sur lui. Quand les nuages se rassemblent et que le tonnerre éclate, c'est le dieu rouge qui menace de tuer les gens. Mais quand, au loin, on entend un doux murmure, c'est le dieu noir qui dit :
– Laisse-les en paix. Ne fais pas de mal à mon peuple. Je le protégerai.

Et, comme elle se taisait, un éclair illumina les collines et les épineux de sa lumière blanche intense. Le grondement du tonnerre suivit.

A nouveau, Ol-Poruo regarda la lune et il pensa encore une fois que la pluie allait tomber. Mais on n'entendait que le vent dans les cassiers et le chant strident des cigales.

Ils s'endormirent sous les étoiles.

Le lendemain matin, au lever du soleil, ils reprirent leur marche. Tard dans l'après-midi, ils arrivèrent dans un endroit montagneux où poussaient des pins, des eucalyptus et des figuiers sauvages. Ol-Poruo et les anciens décidèrent d'y rester. Ils dormirent encore à la belle étoile et, au matin, les femmes commencèrent à construire de nouvelles huttes.

Riant et papotant, comme une bande d'oiseaux tisserands confectionnant leurs nids, elles tressèrent des branches en forme de charpente et les recouvrirent de bouse pour que la pluie ne s'infiltre pas.

A l'intérieur, elles firent des cloisons avec des tiges de *leleshva* afin qu'il y ait trois pièces. L'une, longue et étroite, réservée aux chèvres. Une autre petite, pour la mère et son plus jeune bébé. Et la plus grande pour toute la famille. Dans cette dernière pièce, les femmes fabriquèrent une estrade basse avec des branches recouvertes de peaux de vache. C'était la couche des enfants et elle servait également à faire asseoir les visiteurs.

Le soir, quand tout fut prêt, le vent se mit à souffler. Les feuilles tourbillonnèrent dans l'air et le ciel s'obscurcit. Puis il y eut un coup de tonnerre effrayant, suivi d'un autre et puis d'un autre encore.

Enfin, la pluie commença à tomber.

Elle frappait la terre sèche et dure comme un tambour et ce bruit résonnait dans le cœur des villageois comme un chant joyeux. Il y aurait de l'eau pour le troupeau, l'herbe pousserait et les mamelles des vaches regorgeraient de lait.

Ol-Puoro partageait le bonheur de son peuple, mais il pensait souvent à Konyek. Il était triste d'avoir été trahi car il avait toujours espéré que l'enfant marcherait sur ses traces.

Parmet aussi songeait à son cousin. Mais lui, il triomphait parce qu'il était maintenant le chef de ceux de son âge, Les Grandes Plumes d'Autruche. Et parce que Konyek avait trahi Ol-Poruo du Bouclier invincible, Parmet n'aurait plus jamais de rival à jalouser.

9. Konyek commence sa recherche

Pendant tout ce temps, Konyek s'éloignait du village. Le premier jour, il chemina aux côtés du chasseur dorobo, malgré sa blessure qui lui faisait mal et son épuisement.

Ils arrivèrent dans une sorte de magnifique parc où poussaient d'énormes cèdres et de petits oliviers sauvages. Il avait plu, mais la terre était restée sèche et dure comme de l'argile cuite, l'herbe jaunie et rase comme quand le blé est coupé.

Maintenant, près du village des pillards, ils avaient quitté le territoire masaïs. Le chasseur avait trouvé un abri sous les larges branches d'un cèdre. Assis devant le feu, ils contemplaient les étoiles quand Konyek dit :

– Tu m'as sauvé la vie, et je ne l'oublierai jamais. Mais je dois retrouver le veau tout seul. C'est mon affaire et les pillards sont mes ennemis. Je ne suis pas un lâche, je peux les combattre et leur reprendre le veau sans aide. Demain matin, pars et suis ton chemin. Un jour, viens au village de mon père me donner de tes nouvelles. Il t'offrira un cadeau pour tout ce que tu as fait.

Le chasseur le regarda de ses petits yeux brillants, rusés et gentils, et lui dit :

– Le petit-fils d'Ol-Poruo du Bouclier invincible a été blessé et ça m'a fait de la peine. Si je lui ai sauvé la vie, j'en suis heureux. Quel cadeau peut réjouir davantage le cœur d'un homme? Je ne veux rien. Mais, un jour, j'irai au village pour m'assurer que tu es revenu sain et sauf avec le veau noir. Je désire aussi savoir ce que diront les anciens quand ils t'auront entendu, après avoir cru Parmet.

– Je ne retournerai pas au village sans Nuage de novembre, dit Konyek. Il faut que je le retrouve parce que je l'aime et parce que je dois prouver mon courage à mon peuple. C'est mon seul espoir d'obtenir le pardon de mon père pour ma désobéissance car, ainsi, les Anciens sauront que l'histoire de Parmet sur ma lâcheté est un mensonge.

Le chasseur hocha la tête et regarda les étoiles à travers les branches de l'arbre. Bientôt, ils s'endormirent, allongés près du feu.

Dans la nuit, un bruit de vagues déferlant sur une plage lointaine réveilla le chasseur. C'était le tam-tam d'un Dorobo qui lui transmettait un message. Le chasseur se redressa et, immobile, écouta avec beaucoup d'attention. Il se concentra très fort pour comprendre ce que le tambour essayait de lui dire, car on perçoit le message du tambour comme une pensée de quelqu'un d'éloigné. Le tambour s'arrêta. Le chasseur avait compris que les siens avaient besoin de son aide.

Il resta un moment assis, observant l'enfant endormi. Il ne voulait pas l'abandonner, il avait pensé rester dans les parages pour le protéger. Mais il fallait qu'il parte. Il prit son arc et ses flèches, sa bourse de cuir, sa calebasse et disparut dans la nuit, silencieux et prudent comme un daim.

Quand, plus tard, à son réveil, Konyek découvrit que son ami était parti, lui laissant un peu de miel et des noix, il se sentit très seul. Il s'était habitué à la présence du petit chasseur et il réalisait combien il était en sécurité avec lui. D'un autre côté, il était content de se voir obligé de continuer seul car il pourrait ainsi prouver son courage.

Il se mit en marche vers l'est, en direction du village des pillards, suivant les indications du Dorobo. Puis il oublia qu'il était seul car c'était l'heure où le troupeau quitte le village. A tout moment, il pouvait en rencontrer un où se trouverait peut-être Nuage de novembre.

Il bruinait et les rayons du soleil matinal perçaient les nuages. Puis, un arc-en-ciel – appelé par les Masaïs l'Habit du Père – apparut dans le ciel. En le voyant, Konyek pensa que si son frère Marangu était là, il aurait dit à la manière des enfants masaïs :

– Je vais le donner à père, il lui plaira.

L'arc-en-ciel disparut et Konyek en fut content : cela signifiait que la pluie cesserait bientôt.

Soudain, il vit un troupeau. Il se cacha prestement dans un arbre et attendit. Les vaches approchaient. Il put bientôt les voir nettement et aperçut un veau noir. Son cœur se mit à battre très vite. Il observa attentivement celui qui menait le troupeau – un garçon plus grand que lui et qui n'était pas masaïs.

Konyek regarda le veau et constata que ce n'était pas Nuage de novembre. Il n'avait pas de tache blanche sur le front. Il attendit que le troupeau s'éloigne et, luttant contre son chagrin, poursuivit son chemin jusqu'aux contreforts des collines. Là, grimpant sur la crête, il vit le village des voleurs.

Il était exactement comme l'avait décrit le chasseur : les huttes au bord de la rivière, au pied de la colline et, sur l'autre rive, un coteau boisé en pente raide couronné de rochers. Le bétail était parti paître et il fallait attendre le soir pour le revoir. Konyek décida de descendre dans la vallée, de traverser la rivière et de se cacher dans la forêt.

La rivière débordait d'eau de pluie et charriait des cailloux ronds et doux comme l'ivoire qui glissaient sur les pierres vertes et brunes du fond. Dans la forêt, il y avait des oiseaux aux ailes écarlates, des singes et des cigognes à bec rouge avec de grandes ailes grises. Et des arbres que Konyek n'avait jamais vus : de leurs branches couvertes d'un épais lichen vert et de mousses semblables aux barbes des anciens, des lianes pendaient comme des cordes.

Toute la journée, il explora la forêt très ancienne et pleine de mystères. Les arbres poussaient ici depuis un million d'années et le sous-bois abritait beaucoup d'animaux et des millions d'insectes. Konyek vit des daims effrayés, de petites antilopes fuir, et un rhinocéros myope passer près de lui sans le voir.

Il arriva à un lac qui occupait le fond d'un cratère circulaire et il descendit au bord de l'eau. Là, Konyek se reposa un

moment car il n'était pas encore très fort. Et il mangea le miel et les noix que lui avait laissés le Dorobo. Deux éléphants vinrent boire. Il les regarda s'asperger le dos avec leurs trompes et manger l'herbe au bord du lac. Ils s'approchèrent de lui et il vit leurs petits yeux pleins de bonté et de sagesse.

De tous les animaux sauvages, Konyek préférait les éléphants à cause de leur douceur et parce qu'ils étaient les seuls à s'entraider. Si l'un d'eux tombait malade et se couchait sur le sol, deux autres le relevaient et le soutenaient pour qu'il marche. Si l'un d'eux se blessait la trompe et ne pouvait plus arracher les feuilles des arbres ou l'herbe, un autre le nourrissait. Et, quand un éléphant mourait, les autres le recouvraient d'herbes et de branches et, plus tard, disséminaient ses os dans les broussailles.

Quand les deux éléphants furent près de l'enfant, il leur parla comme à son troupeau, sans crainte et sans qu'ils aient peur.

Quand ils sortirent du cratère, Konyek les suivit, émerveillé par leur façon de grimper la côte raide puis de descendre la pente, de l'autre côté, en glissant comme des enfants sur leurs arrière-trains.

Mais l'heure du retour du troupeau était proche. Oubliant les éléphants, Konyek s'installa dans la forêt face au village. De là, il pouvait tout voir sans être vu.

Il sentit l'impatience l'envahir. Et la peur aussi, car si Nuage de novembre ne rentrait pas avec ce troupeau, cela signifierait qu'il était probablement mort de faim ou de soif.

Luttant contre ses craintes, Konyek attendit. Bientôt, il vit le troupeau apparaître sur la colline, derrière le village. Les vaches grises, marron ou blanches tachetées de noir, descendaient vers les huttes avec leurs veaux. Soudain, il le vit. Le veau noir avec sa tache blanche sur le front... Nuage de novembre ! Il avait beaucoup maigri mais il n'y avait pas d'erreur possible, c'était bien lui. Il le connaissait aussi bien que le visage souriant de sa mère. Le cœur battant d'excitation, Konyek avait du mal à ne pas sortir de sa cachette et à courir vers lui. Déjà, le veau s'engouffrait dans le village avec tout le troupeau.

La nuit tomba. Des volutes de fumée s'échappaient des huttes et Konyek entendait le tintement des cloches du troupeau et les voix des villageois. Il écouta ces bruits familiers, le cœur serré en pensant à la douce chaleur du foyer, le soir, chez lui.

Puis les voix se turent. Le village s'endormit. Konyek eut envie de ramper entre les huttes vers le troupeau et de reprendre son veau. Mais un des pillards pourrait le voir ou l'entendre et l'empêcher de fuir. Il savait aussi que les vieillards avaient le sommeil léger et dormaient peu – deux ou trois heures seulement.

La nuit semblait interminable. Finalement, Konyek n'y tint plus. Il s'avança sous les arbres, vers la rivière. Il n'y avait pas de lune mais le ciel était étrangement clair, comme cela arrive parfois avant une tempête. Le vent s'était levé et il soufflait dans les feuillages avec un bruit de torrent en crue. Ainsi, personne n'entendrait Konyek.

Il traversa la rivière en marchant sur

les pierres du fond, et se glissa dans le village, sur l'autre rive. Il reconnut presque tout de suite la silhouette du veau. Mais, au moment où il se hâtait vers lui à travers le troupeau, un éclair illumina le ciel et le tonnerre éclata. Aussitôt, les villageois se réveillèrent. Konyek s'immobilisa un moment sans même oser respirer, puis il s'éloigna du village en courant.

Personne ne le vit. Il était déjà loin quand les villageois sortirent de leurs huttes.

Il revint dans la forêt et se fit un abri avec des branches pour se protéger de l'orage. Le vent cingla les arbres et les grosses gouttes de pluie se transformèrent en un mur d'eau joignant le ciel à la terre. L'eau commença à pénétrer le refuge de Konyek qui, au matin, avait les membres engourdis et gelés. Il les frotta, se redressa et retourna à la rivière pour surveiller le village.

Avant d'y arriver, il devina ce qui s'était passé car il perçut un grondement impétueux. Il ne s'attendait pourtant pas au spectacle qu'il découvrit. La rivière était trois fois plus large que la veille... L'eau, maintenant boueuse, tourbillonnait autour des arbres hier sur la berge. Konyek savait que s'il tentait de traverser, le courant l'emporterait. Il devait attendre que les eaux agitées se calment ou trouver un autre gué.

Le village se réveilla et Konyek observa les villageois qui sortaient de leurs huttes et contemplaient la rivière en crue trop près de chez eux.

Il vit les femmes traire les vaches puis le berger les emmener sans tarder vers les pâturages. C'était le même berger que la veille mais, cette fois, accompagné d'un jeune frère...

Nuage de novembre était en queue du troupeau et Konyek dut à nouveau réprimer son envie d'aller vers lui. La colère et la tristesse le tourmentaient, violentes comme le vent qui avait fouetté les arbres dans la nuit. Il se mit à courir le long de la rivière, se frayant difficilement un chemin dans les bambous.

Il courut sans s'arrêter jusqu'à ce qu'il réalise qu'il était impossible de traverser. Alors, il rebroussa chemin et revint tristement vers la forêt en écoutant mugir l'eau bouillonnante.

Il rencontra les deux éléphants qui arrachaient des branches en les maintenant contre le sol avec une de leurs pattes, et les dépiautaient délicatement de leurs feuilles. Heureux de leur compagnie, il resta avec eux toute la journée et leur parla, comme aux vaches de son père. Parfois, quand ils le regardaient de leurs petits yeux intelligents, il avait l'impression qu'ils le comprenaient.

A l'approche du crépuscule, Konyek quitta les éléphants et remonta la rivière jusqu'à l'endroit propice pour surveiller le village. Il voulait voir Nuage de novembre revenir des pâturages. Il le vit et, une fois de plus, incapable de l'approcher, il le contempla, impuissant, depuis l'autre rive.

Il retrouva son abri de branchages. Et il avait froid et faim. Il avait presque épuisé les noix et le miel offerts par le chasseur, mais il en garda pour le lendemain. Dans le froid glacial, l'humidité et l'obscurité de la forêt, Konyek pensa à la douce chaleur de son foyer, à sa famille assise autour du feu et à la calebasse pleine de lait. Il soupira tristement, privé de tout, loin des siens et très seul.

Il essaya de faire du feu mais le bois trop humide ne prit pas. Plus que jamais, le petit chasseur lui manquait. Plusieurs fois, il vit luire deux yeux jaunes dans le noir. Peut-être un lynx? Ou un de ces phacochères géants qui foncent aveuglément dans les forêts? Konyek ne craignait qu'un seul animal : le léopard. Le seul fauve à attaquer sans être menacé ni affamé – comme le chat avec une souris. Il se souvint des éléphants et les appela en espérant qu'ils reconnaîtraient sa voix.

Il recommença à pleuvoir. La pluie tombait comme un écheveau d'eau. Soudain, Konyek sentit bouger l'arbre sous lequel il avait construit son abri. Que se passait-il? Il réalisa vite que les deux éléphants étaient là, tout près. L'un d'eux se frottait contre le tronc. Il les accueillit avec joie et ils restèrent près de lui.

Les heures s'écoulaient lentement. Dérivant entre le sommeil et l'éveil, Konyek fit des rêves étranges. Il était sur une île inondée de soleil qui flottait comme un nénuphar au milieu d'un lac bleu. A côté de lui, une gigantesque calebasse de lait. Sa grand-mère en remplissait une corne de buffle et la lui tendait. Alors, Parmet apparaissait avec Nuage de novembre et s'écriait : « Regardez, Ol-Poruo m'a donné ce veau parce que je suis fort et courageux. C'est moi qu'il préfère! » Konyek essayait de saisir le veau, mais l'animal se transformait en un tambour vide.

Il se réveilla, effrayé.

A moitié endormi, il rêva encore qu'il était dans sa hutte, assis près du feu avec ses frères et ses sœurs. Sa grand-mère leur racontait l'histoire des Enfants du Tambour.

10. La femme et les jumeaux

Il était une fois un vieil homme qui avait deux épouses. L'une lui donnait beaucoup d'enfants et l'autre était stérile. Un jour, la femme féconde mit au monde des jumeaux. Ce fut une grande joie pour tous, sauf pour la femme stérile qui se dit : « Que faire pour que mon mari m'aime, moi qui ne peux lui donner d'enfants? »

Elle s'approcha des jumeaux, leur fit à chacun une petite incision sur un doigt et, avec le sang des enfants, frotta la bouche de leur mère tandis qu'elle dormait. Puis elle ameuta les villageois :

– Oh, bonnes gens, cette femme a mangé ses enfants!

– Viens et laisse les hommes du village s'en occuper, lui répondirent-ils.

Ils examinèrent la mère des jumeaux et virent le sang. Les enfants n'étaient plus là car la femme stérile les avait déposés dans un tambour qu'elle avait jeté à la rivière.

Le père des jumeaux dit :

– Que vais-je faire de cette épouse qui a mangé ses enfants?

Il l'appela et lui déclara :

– Tu as mangé les enfants que tu as mis au monde. Désormais, je te ferai travailler : tu garderas le troupeau d'ânes jusqu'au jour de ta mort.

C'est ainsi qu'elle devint la gardienne du troupeau d'ânes.

Le tambour où étaient les enfants fut emporté par le courant vers un autre pays. Des vieillards, assis près de la rivière, le virent et l'un d'eux s'exclama :

– Ce tambour m'appartient!

Un autre dit :

– Et ce qu'il y a à l'intérieur est à moi.

Ils le sortirent de l'eau, l'ouvrirent et y trouvèrent les jumeaux. Et le vieil homme ayant affirmé que le contenu du tambour était à lui les emmena chez lui.

Il les éleva, les fit circoncire et ils devinrent des guerriers. Quand leurs amis les rencontraient, ils les saluaient en disant :

– Comment vont les Enfants du Tambour ?

Les jumeaux finirent par demander :

– Pourquoi nous appelle-t-on les Enfants du Tambour ? Que nous est-il arrivé ?

Les villageois le leur racontèrent et les jumeaux se dirent :

– Nous capturerons du bétail et nous l'offrirons au pays d'où nous venons.

Ils firent un raid et prirent beaucoup de bétail. Puis ils traversèrent une forêt et arrivèrent au pays où ils étaient nés.

A la sortie du village, ils virent une femme en train de garder un troupeau d'ânes et lui demandèrent :

– Pourquoi gardes-tu ces bêtes? N'est-ce pas là le travail des enfants?
– Si, mes enfants, répondit-elle. Je vais vous raconter ce qui est arrivé. Mon mari avait deux femmes. J'ai eu des enfants mais l'autre épouse était stérile. Et quand je lui ai donné des jumeaux, deux garçons, l'autre femme leur a incisé les doigts, et les a mis dans un tambour qu'elle a jeté à la rivière. Pendant que je dormais, elle a frotté ma bouche de sang et a dit aux gens du village : « Holà, vous autres! Venez voir, elle a tué ses enfants! »

Les gens sont venus me voir. Je leur ai expliqué que ce n'était qu'un mensonge, que je ne les avais pas mangés. Mais il y avait du sang sur ma bouche et ils ne m'ont pas crue. Pour me punir, ils m'ont donné les ânes à garder le reste de mes jours.

Les deux guerriers comprirent qu'elle était leur mère et lui dirent :
– Nous sommes tes enfants. Nous étions dans un tambour sur la rivière, un autre peuple nous a recueillis et élevés. Nous avons grandi et, comme on nous appelait les Enfants du Tambour,

nous nous sommes demandé pourquoi et les villageois nous l'ont expliqué. Et regarde nos doigts.

En voyant les deux petites cicatrices, la femme sut que ces guerriers étaient ses enfants. Ils dirent à leur mère :

– Viens. Désormais, tu vas traire les vaches. Laisse ces ânes.

Les ânes errèrent dans le village et les gens se demandèrent :

– Où est la gardienne d'ânes ?

Le lendemain, en la voyant vêtue de beaux vêtements, ils s'écrièrent :

– Oh ! Venez voir comme elle a changé, la gardienne d'ânes, celle qui a mangé ses enfants !

Son mari s'approcha en disant :

– Je vais la frapper.

Mais les guerriers l'arrêtèrent :

– Père, laisse-la, ne la frappe pas. Appelle les hommes du village et nous parlerons ensemble.

Les hommes arrivèrent et découvrirent que le vieillard était le père des guerriers. Celui-ci déclara :

– Je frapperai mon autre femme jusqu'à ce qu'elle meure.

Mais les guerriers l'en empêchèrent :

– Ne la punis pas, père. Donne-lui le travail que faisait notre mère.

C'est ainsi que la femme stérile garda les ânes toute sa vie.

La voix de la grand-mère de Konyek devint le chant de la pluie et le chaud soleil de son rêve fut englouti par l'obscurité glaciale de la nuit. Konyek se recroquevilla et se roula en boule pour essayer de garder la chaleur.

Comme le hérisson ou la mangouste dans une fourmilière.

Frissonnant de peur dans la nuit qui s'éternisait encore et encore.

11. La rivière en crue

Enfin, comme le bouton sombre d'une fleur qui s'ouvre, dépliant ses pétales à peine blancs, le ciel s'éclaircit. Konyek se leva, remua ses bras et ses jambes engourdis et écouta le bruit de la rivière. Les deux éléphants s'enfoncèrent dans la forêt mais Konyek attendit que les vaches sortent du village, en file indienne et, parmi elles, Nuage de novembre.

Konyek n'en pouvait plus de cette attente ni des nuits interminables, tout seul dans la forêt. Il décida de traverser la rivière.

Il arracha une branche longue et

solide d'un arbre et la plongea dans l'eau pour en connaître la profondeur. Puis, il fit un premier pas. Il plaça de nouveau la branche devant lui et avança d'un autre pas. Il progressa ainsi jusqu'à ce que l'eau boueuse tourbillonnante lui arrive à la poitrine.

Le courant était puissant et, soudain, la branche fut balayée au loin. Konyek perdit l'équilibre. Il ne savait pas nager. Epouvanté, il cria tandis que les remous l'entraînaient aussi facilement qu'une feuille dans le vent. Il pensa qu'il se noyait car il n'avait plus pied et l'eau déferlait sur lui en un torrent d'écume.

A cet instant, un grand tronc surgit près de lui. Konyek s'y agrippa de toutes ses forces et se laissa emporter. Il se cramponna désespérément, fermant les yeux quand il heurtait d'autres troncs au milieu des flots.

Enfin, le courant ralentit et la rivière s'apaisa. Konyek réussit à monter sur le tronc et s'assit à califourchon. A cet endroit, la rivière était très large et l'eau submergeait les rives élevées.

Il vit des petites oreilles pointues et des yeux au-dessus de l'eau et comprit

qu'il était au milieu d'une bande d'hippopotames. L'un d'eux sauta hors de l'eau, lança un jet d'eau écumeux par le nez, son petit nageant près de lui. Quand l'animal replongea, Konyek craignit qu'il fasse chavirer son embarcation. Mais l'hippopotame le laissa passer.

Le courant continua à l'emporter sans qu'il puisse rien faire. Et, soudain, il vit les rapides. Le tronc flottait de plus en plus vite en se rapprochant inexorablement des cascades. Quand il fut tout près et que leur vacarme fracassant lui emplit la tête, Konyek ferma les yeux, terrifié, accroché au tronc. Il se sentit violemment projeté à une vitesse folle dans l'à-pic, tombant d'une hauteur vertigineuse dans un monde rugissant et abyssal. Puis, l'eau tournoyante au pied de la cascade, fit voler le tronc sur la rive.

Konyek se retrouva dans la boue, hébété et à bout de souffle. Comme un crocodile le regardait de ses yeux bien plus méchants encore que ceux de l'hippopotame, il bondit et grimpa sur la rive. Comme c'était bon de sentir de nouveau la terre ferme sous ses pieds... Puis, soudain, Konyek réalisa qu'il était sur la même berge que le village !

De ce côté-ci de la rivière, il n'y avait pas d'arbre, pas d'arbuste ni de buisson où se cacher. C'est pourquoi il attendit le soir et alla jusqu'au figuier solitaire de l'autre côté du village. Ce vieux figuier aux larges branches avait un tronc robuste, noueux et creux au milieu. Konyek y grimpa et pénétra dans le trou. Là, à l'abri de la pluie, il attendit que le jour se lève. Il écouta le vent dans les feuilles, le clapotis des gouttes sur la terre et tomba dans un sommeil léger. Les singes *vervet* qui se balançaient dans les branches descendirent pour lui jeter des coups d'œil furtifs ainsi qu'un minuscule lémurien à la queue bouclée et aux énormes yeux qui brillaient comme du cuivre poli dans le noir.

Konyek rêva qu'il montait sur le dos d'un des deux éléphants et qu'ils marchaient dans les hautes herbes dorées qui scintillaient autour d'eux à perte de vue, comme les vaguelettes d'une mare au soleil couchant... Il ouvrit les yeux. La nuit était noire. Il avait froid et son corps était tout engourdi.

Enfin, le ciel s'éclaircit. Les vaches sortirent du village. Konyek vit les deux garçons conduire le troupeau sur la pente de la colline. Il attendit qu'ils aient disparu et, le cœur battant, il s'engagea à son tour sur la côte et les suivit.

En se cachant derrière les arbustes et les arbres, il les fila la moitié de la journée. Ils se trouvaient à présent le plus loin possible du village, trop loin pour y revenir demander de l'aide. Konyek attendit que les deux bergers se séparent, pour ne pas avoir à lutter avec les deux en même temps. Il ne quittait pas le veau du regard. Le moment était venu...

Le corps tendu, dominé par une terrible excitation, Konyek se préparait à attaquer le plus grand des deux garçons. Il ne doutait pas un instant de sa propre rapidité mais l'autre était grand et fort.

Subitement, il s'élança, rapide

comme le léopard et encore plus gracieux, et il fut sur le berger avant que celui-ci l'ait vu. Il était vraiment plus fort, mais Konyek devait gagner. A cause du veau. Parce qu'il ne pouvait repartir sans Nuage de novembre. Il frappa avec une force sauvage jusqu'à ce que le garçon tombe sur le sol, inconscient.

Il chercha alors le frère des yeux et le vit se ruer vers le village quérir de l'aide. Konyek courut derrière lui et, comme il le rattrapait, le frère du berger arracha une poignée d'herbe pour lui signifier sa défaite. Konyek lia les mains et les pieds des deux garçons avec des lianes qu'il avait coupées dans la forêt. Puis il les porta l'un après l'autre dans les buissons. Il ne fallait pas qu'on les retrouve trop vite s'il voulait avoir le temps de s'éloigner.

Enfin, il put approcher Nuage de novembre.

Il courut vers lui, jeta les bras autour de son cou et lui murmura des paroles de joie. Le veau se blottit contre lui, le regarda de ses yeux si doux, et le cœur de Konyek fut submergé de bonheur.

Quand il s'éloigna du troupeau, le veau le suivit naturellement, restant tout près de lui.

Ensemble, ils se mirent en marche vers leur foyer.

12. La fuite

Ils devaient se hâter maintenant et Konyek obligea le veau à trotter. Il pria pour qu'on ne retrouve pas les deux bergers avant le coucher du soleil. Ainsi, dans la nuit, les guerriers ne pourraient suivre leurs traces. En effet, il n'y avait pas de lune pendant ces nuits pluvieuses.

Tard dans l'après-midi, il pénétra sur le territoire de son peuple et rencontra bientôt un berger. Il marcha près de lui pour mêler les empreintes de ses pieds et celles des sabots du veau aux pas du troupeau. Si les guerriers le suivaient, ils auraient maintenant beaucoup de mal à reconnaître leurs traces.

Le berger invita Konyek au village et lui offrit l'hospitalité. Comme il appartenait aussi au groupe des Grandes Plumes d'Autruche, il traita Konyek comme un frère. Celui-ci regarda avec nostalgie en direction du village. Il aurait tant aimé passer la nuit dans la chaleur et la sécurité d'une des huttes. Mais il refusa. Il désirait faire le plus de chemin possible avant la tombée de la nuit.

Il prit congé du berger et arriva dans une grande plaine. Il y avait là des arbustes et des épineux, mais aucun endroit où se cacher. De plus, on le voyait du haut de la colline qu'il venait de descendre jusqu'à la plaine.

Il encouragea le veau en lui parlant et en caressant son doux cou noir, et il le fit courir le plus vite possible. La terre boueuse rendait la marche difficile. Koneyk se retournait souvent pour voir si on les suivait. Mais il ne vit que la lumière du soleil et l'étendue plate parsemée d'épineux dont les minces troncs brillaient au soleil couchant.

Ils parvinrent enfin de l'autre côté de

la vallée, au pied des collines. Koneyk jeta un regard en arrière et il vit alors, dans la plaine, le scintillement de quelques lances aux derniers rayons du soleil.

La panique s'empara de lui et il s'efforça de se calmer. « Suis-je un daim hypnotisé par les yeux jaunes d'un lion ? » se dit-il. Et il réfléchit, cherchant comment Ol-Poruo, son grand-père, aurait voulu qu'il se comporte.

Sans le veau, il aurait pu courir plus vite que les guerriers qui suivaient sa piste. Bientôt, il ferait nuit et, sans la lune, l'obscurité camouflerait ses empreintes. L'esprit vif et clair maintenant, il prit le bout de liane qui lui restait et attacha les pattes avant du veau. Puis, levant une des pattes arrière, il le poussa et l'animal tomba dans les buissons. Il lui attacha alors les pattes arrière et le recouvrit de branches qu'il coupa avec son couteau.

Le veau caché, il revint sur le chemin qu'ils avaient parcouru et effaça les empreintes de pieds et de sabots. Ensuite, il bifurqua dans une direction différente vers les collines, priant pour que la nouvelle piste désoriente les guerriers.

La pente était raide et il faisait noir. Les nuages filaient rapidement dans le ciel, laissant parfois apparaître la lune qui éclairait la terre. Et la peur envahissait de nouveau Konyek – la peur que les guerriers voient les traces du veau et le retrouvent.

Il avait peur aussi des diables dont sa grand-mère lui avait parlé, surtout de celui qu'on pouvait rencontrer sous la pluie et dans le noir. Mi-homme, mi-lion, il appelait les passants et leur demandait de porter un fagot. Si un voyageur était assez fou pour s'arrêter, le diable le tuait avec un bâton pointu et le dévorait. Une fois, l'un de ces diables avait tué et dévoré tous les habitants d'un village, sauf une femme et son fils qui avaient couru se cacher dans une grotte. La grand-mère de Konyek racontait que l'enfant, devenu grand, avait fabriqué un arc et des flèches empoisonnées. Un jour, ayant vu la fumée d'un feu allumé par le garçon, le diable était venu pour le manger. Mais le jeune homme, qui l'attendait caché dans un arbre, lui avait lancé ses flèches. Le diable avait d'abord cru être piqué par des taons et, au moment de son agonie, il avait révélé au garçon les formules secrètes pour que revivent les villageois et le troupeau qu'il avait tués. En revenant à la vie, les villageois reconnaissants avaient choisi le garçon comme chef.

En pensant à la ruse et au courage de ce jeune homme, Konyek eut honte de ses peurs. Et lui aussi souhaitait les éloges de son grand-père Ol-Poruo, de sa famille et de ceux de son âge, s'il rentrait sain et sauf à la maison avec Nuage de novembre. Aussi, au lieu de trembler quand la lune apparut de nouveau, il continua rapidement sa marche.

Soudain, le vent se leva et de grands nuages noirs s'amoncelèrent sur la plaine. Koneyk s'arrêta, regarda vers le ciel, et sentit les premières gouttes de pluie. Soulagé, il se laissa tomber sur l'herbe en riant.

Toutes les empreintes étaient effacées.

Il ne se rappelait pas avoir vu une telle pluie. Toute l'eau du ciel se déversait sur la terre, et cette eau se précipitait dans la plaine depuis les hauteurs. Konyek savait qu'au matin tout serait inondé. Anxieux pour le veau qui ne pourrait se redresser et risquait de se noyer, il oublia qu'il était fatigué, gelé et trempé et repartit en courant.

Quand il arriva au pied de la colline, l'eau commençait à monter et, tout en barbotant, il appela Nuage de novembre. Soudain, une ombre énorme apparut devant lui. Il en vit une seconde et comprit que c'étaient les éléphants. Ils étaient de chaque côté du veau, comme s'ils voulaient le protéger.

Konyek se glissa entre les deux grands animaux et s'agenouilla près de Nuage de novembre. Il lui caressa le dos, le libéra de ses liens et le veau se mit difficilement sur ses pattes. Pendant tout ce temps, les éléphants restèrent tout près. Konyek savait que ces animaux pouvaient le tuer, lui et le veau, par un simple mouvement de leurs énormes pattes. Mais il était certain qu'ils ne le feraient pas, même par inadvertance. Il avait vu avec quelle douceur ils traitaient leurs propres petits et, loin d'avoir peur, il se sentait en sécurité avec eux.

L'eau descendait en torrents des flancs des collines, envahissant les creux et les lits secs des rivières jusqu'à ce qu'ils débordent. L'enfant voulait grimper en un lieu plus élevé mais le veau était étrangement rétif.

Il l'encouragea, le supplia, essaya de le pousser en vain. Finalement, le veau se coucha sur le sol et le garçon comprit qu'il était malade.

L'eau montait toujours. Si Nuage de novembre restait là, il se noierait. Konyek tenta de le porter, mais il était trop lourd. Alors, il coupa des branches et les disposa sous le cou et la tête de l'animal pour surélever son corps. Mais, il savait que même si la pluie cessait, l'eau descendrait des hauteurs avec tant de rapidité qu'il ne pourrait sauver le veau.

Konyek fut alors témoin d'une chose merveilleuse : les éléphants poussèrent doucement le veau avec leur trompe, comme ils le font avec leur bébé pour qu'il se redresse. Et ils avancèrent, le soutenant entre eux, comme s'ils comprenaient qu'il courait un danger à rester là.

L'étrange quatuor continua son chemin jusqu'à ce qu'ils soient tous en lieu sûr, au-dessus du niveau de l'eau.

La pluie cessa, le jour se leva et, aux

premières brumes, Konyek vit que la plaine s'était transformée en un grand lac et qu'ils étaient sur une colline entourée d'eau.

Ils étaient isolés, abandonnés. Laissant Nuage de novembre aux soins des éléphants, Konyek se mit à chercher une solution.

13. La colline du refuge

Il y avait de l'herbe sur la colline, quelques arbustes éparpillés et une forêt où Konyek se rendit. Il y coupa des branches et bâtit un refuge pour lui et le veau malade. Il travailla vite car il fallait que le bois – et le feuillage pour le lit – sèchent tant que le soleil brillait. La charpente achevée, il la badigeonna de bouse de buffle qu'il trouva non loin, afin que l'eau n'y pénètre pas. Puis il fit du feu à l'intérieur pour que, grâce à la chaleur des flammes dedans et à celle du soleil dehors, le refuge soit sec avant la nuit.

A la nuit tombante, tout était terminé. Il y avait deux jours et une nuit que Konyek ne s'était pas reposé ni endormi et maintenant, épuisé et affamé, il devait encore convaincre le veau d'entrer dans le refuge.

Nuage de novembre était couché sur le flanc, au soleil, tandis que les deux éléphants se nourrissaient tout près. Konyek vit l'un d'eux prendre une poignée d'herbe avec sa trompe et essayer de la faire manger au veau. Son cœur s'emplit de gratitude pour les deux grands animaux.

Il s'agenouilla près du veau, lui caressa le cou de la main, et parvint à le mettre sur ses pattes. Le voyant brouter, Konyek pensa qu'il allait un peu mieux et resta à ses côtés. Plus tard, Nuage de novembre le suivit dans le refuge et parut satisfait d'y rester pour la nuit.

Juste avant l'heure où le bétail rentre au village, au crépuscule, Konyek sortit et s'approcha des éléphants. Il leur exprima sa gratitude en leur parlant doucement, car il ne connaissait aucune autre manière de les remercier. Comme ils le regardaient de leurs petits yeux si pleins de bonté et de sagesse, l'enfant eut l'impression qu'ils le comprenaient.

La nuit étendit son manteau noir sur la colline et Konyek revint au refuge. Il s'enfonça dans le lit de branches touffues et s'endormit immédiatement. Dehors, les nuages s'accumulèrent et, de nouveau, les cieux déversèrent leur eau sur la terre. Le déluge dura toute la nuit, mais Konyek dormait en sécurité et au sec, la tête sur le veau. Les deux éléphants, imperturbables sous l'eau qui ruisselait sur leur peau, montaient la garde.

Au matin, la pluie tombait toujours. Il plut toute la journée et toute la nuit et encore deux jours et deux nuits. Pendant ce temps, Nuage de novembre se rétablit et commença à sortir pour paître. Konyek, lui, avait faim et rien à manger. Il aurait bien voulu que le petit chasseur soit là pour l'aider à trouver des baies et des racines.

Ceux de son peuple ne cultivaient pas la terre ni ne récoltaient de moisson. Considérant que ce travail était bas, ils méprisaient ceux qui semaient et moissonnaient pour vivre. Après le courage, c'était à leur liberté qu'ils attachaient le plus grand prix. Et, pour eux, les agriculteurs étaient enchaînés à la terre comme les bracelets des femmes à leurs poignets.

Konyek commença ses premières explorations de la colline mais la pluie l'empêcha d'aller très loin. Dans la forêt où poussaient le grand podo et le pin, il trouva des baies et une espèce de noix douce et nourrissante. Dans une petite clairière, il découvrit une mare profonde qui semblait être l'œil secret de la forêt. Une grande cigogne à bec rouge déploya ses larges ailes grises, brisa le silence et l'effraya.

Sur le chemin du retour, Konyek vit deux hyènes qui l'observaient. Il avait peur des hyènes, capables de s'attaquer à un zèbre adulte ou à un animal sauvage. Et si, parfois, elles s'éloignent en courant, il arrive qu'elles restent pour se battre. Pis encore, elles aiment s'emparer des nouveau-nés. La nuit, quand il fut couché, en entendant leurs rires sauvages, Konyek fut heureux que Nuage de novembre soit sain et sauf près de lui. Il frotta sa tête contre le flanc de l'animal en une caresse affectueuse.

Le jour suivant, la pluie s'affaiblit. Il vit des vautours décrire des cercles dans le ciel, et il pensa qu'il y avait eu une tuerie. Mais il ne découvrit qu'une antilope qui venait juste de mourir, peut-être de vieillesse. Très vite, avant l'arrivée des hyènes, Konyek découpa des bandes de peau d'antilope – elles pourraient servir de lanières en cas de besoin. Il s'éloignait quand les hyènes apparurent et se mirent à dévorer l'animal mort. Les vautours tournoyaient dans le ciel et attendaient.

Le cinquième jour, la pluie cessa et Nuage de novembre, qui allait beaucoup mieux, brouta du matin au soir près des deux éléphants. Ayant confiance en eux, Konyek les laissa s'occuper du veau et, pour la première fois, il grimpa jusqu'au sommet de la colline qui était haute et couronnée de roches et d'arbres.

Au bas de la pente, le terrain était inégal, plein de creux et de bosses et il y chercha quelque chose à manger. Il ne trouva que de l'herbe verte et les fleurs sauvages qui avaient fleuri après la pluie. Les fleurs, petites et délicates, embaumaient et les oiseaux chantaient dans l'air pur. Konyek grimpa jusqu'aux rochers les plus élevés. Là, en regardant en bas, il fut étonné du changement qui s'était produit.

D'un côté, la plaine était devenue un vaste lac. De l'autre côté, toutes les collines qu'il pouvait voir semblaient flotter sur une mer grise et calme. Et chacune étant séparée des autres par l'eau, seuls les oiseaux allaient de sommet en sommet, comme s'ils étaient tout ce qui restait de vivant. Peut-être le monde était-il aussi désert au commencement, avant que Dieu ne crée la terre?

Il erra parmi les roches et les arbres du sommet et descendit de la colline par l'autre versant. Là, les arbustes étaient moins rares. Affamé, il y chercha des baies. Soudain, il déboucha sur un sentier et eut un élan d'espoir car les chemins mènent souvent aux villages.

Il suivit ce sentier pour descendre la colline et en approchant de l'eau, il remarqua des bosses brunes comme des dos d'hippopotames émergeant à la surface. Il réalisa bientôt que le chemin menait bien à un village dans la vallée, mais l'inondation avait contraint les gens à fuir. Triste et découragé, il repartit.

A cet instant, il entendit le bêlement plaintif d'un animal qui provenait de la rive. Revenant sur ses pas, il scruta le bord de l'eau et vit la chèvre.

Elle était embourbée et son chevreau blanc presque complètement enlisé. Il fallait agir vite pour les sauver, mais Konyek n'osait s'approcher de crainte de perdre pied lui aussi. Alors, aussi vite qu'il le put, il coupa des branches pour en faire une sorte de pont sur la boue traîtresse. Tout en travaillant, il voyait la chèvre se débattre et sombrer toujours plus tandis que la petite tête du chevreau commençait à disparaître. Il plaça enfin la dernière branche devant lui, fit prudemment un pas en avant, se pencha, empoigna le petit animal englouti dans la boue et le déposa sur les branches. Ensuite, il lia autour du cou de la chèvre qui se débattait, une des lanières découpées dans la peau de l'antilope morte, et il tira. Quand il l'eut traînée jusqu'au sentier, il ramassa le chevreau et les emmena loin du bourbier.

Sitôt sur la terre ferme, il nettoya le chevreau et le massa pour sécher et réchauffer le petit corps. Puis, le serrant contre lui pour lui donner sa propre chaleur, et menant la chèvre par la lanière de cuir, Konyek se mit en route vers le refuge.

Il ne s'était pas encore absenté aussi longtemps et s'inquiétait pour Nuage de novembre. En arrivant, il le trouva en train de brouter paisiblement aux côtés des deux éléphants.

Koneyk attacha la chèvre à un arbre, entra dans le refuge, y alluma du feu, s'assit et, le chevreau dans ses bras, il le berça. Celui-ci respirait encore, mais il était si malade que Konyek se demanda s'il survivrait jusqu'au matin. Il coucha le petit animal sur le lit de feuillages et partit chercher la chèvre.

Il avait oublié sa faim, absorbé par le sauvetage des animaux. Quand il vit les mamelles pleines de la chèvre, il se mit à la traire directement avec sa bouche. La saveur du lait, merveilleusement douce et réconfortante, réchauffa son estomac vide depuis si longtemps.

Il ne but que la moitié du lait pour en laisser au chevreau. Il se redressa et mena la chèvre au refuge. Et Nuage de novembre aussi.

Il faisait déjà nuit. Konyek se coucha et ne se réveilla qu'aux premières lueurs du jour. Il entendit alors un bruit étrange qu'il ne reconnut pas tout de suite. En réalisant que c'était le chevreau qui tétait, il fut tout heureux que le petit animal ait survécu. Heureux aussi parce que, maintenant, il avait une chèvre.

Il n'aurait plus faim sur cette colline où il devait rester jusqu'à ce que le niveau de l'eau baisse.

14. Les éléphants sauvent Nuage de novembre

Les jours passèrent, la pluie continua à tomber et le niveau de l'eau monta. Konyek construisit un autre refuge près du premier, pour la chèvre et son chevreau, et il pratiqua une petite ouverture entre les deux pour pouvoir ramper jusqu'à l'étable.

Il avait souvent la nostalgie de son foyer et de sa famille. Quand les reverrait-il? Il se demandait aussi s'ils le croiraient car maintenant, même si Parmet ne leur avait pas menti, il avait une histoire bien étrange à leur raconter...

Mais il n'était pas malheureux. Il avait un endroit chaud où dormir, du lait à boire et la compagnie des animaux – surtout celle de Nuage de novembre.

Les deux éléphants restaient près de lui et il leur en était reconnaissant. Tous les matins, au réveil, il regardait s'ils étaient encore là, car il connaissait leurs incessants déplacements et leur inexplicable goût des voyages. Quelquefois, ils disparaissaient derrière un monticule ou se cachaient dans un creux. Il courait alors à leur recherche tant il avait peur qu'ils partent et ne reviennent jamais. Mais il les retrouvait toujours. En général pas très loin du refuge. Et il sentait qu'ils gardaient sa maison la nuit et son veau le jour.

Un matin, peut-être deux semaines après son arrivée sur la colline, il partit reconnaître le versant est. C'était plus rocheux par là et des grottes abritaient des chauves-souris. Les lièvres détalaient derrière lui et il vit les empreintes d'un léopard. Il y avait un peu de soleil ce matin-là, Konyek s'assit un moment près d'un troupeau de gazelles à la robe fauve zébrée de noir sur les flancs.

Soudain, les deux mâles se jetèrent l'un sur l'autre et, entrelaçant leurs cornes délicatement ouvragées, luttèrent sauvagement. Les femelles les contemplèrent, comme Konyek qui, au bout d'un moment, les chassa. Les mâles se séparèrent et s'enfuirent, suivis des femelles. Konyek retourna chez lui.

En arrivant sur le versant où il avait construit son refugc, il entendit des aboiements et des hennissements frénétiques. Il vit alors un troupeau de zèbres tourbillonner en un cercle affolé qui se rompit et se rua comme un torrent de corps rayés, sur le versant de la colline. Des hyènes les poursuivaient et le dernier zèbre était déjà à la portée de l'hyène en tête.

Quatre autres prédateurs étaient tout près de la première hyène. Si celle-ci attrapait la queue du zèbre, les autres l'encercleraient, le jetteraient à terre et le mettraient en pièces.

Konyek se soucia à peine des zèbres, il ne pensa qu'à Nuage de novembre, tout près d'eux. Pour une fois, les éléphants n'étaient pas là. Il se mit à courir vers le veau. A ce moment, le dernier zèbre se retourna brusquement et mordit l'hyène qui rugit de douleur et renonça à l'attaquer. Les hyènes remarquèrent alors le veau sans défense, firent demi-tour et se dirigèrent vers lui.

Konyek vit Nuage de novembre immobile, trop terrifié pour bouger. Il courut très vite, encore plus vite, avec l'impression de ne pas se rapprocher comme dans un cauchemar.

Soudain, il entendit un barrissement puissant et les deux éléphants surgirent. Agitant leurs têtes et secouant avec rage leurs grandes oreilles, ils chargèrent tout droit sur les hyènes. Aussi terrorisées que le veau, elles prirent la fuite et disparurent. Le moment de tension passé, Konyek crut défaillir de soulagement. Puis son cœur se gonfla de joie.

Les éléphants avaient sauvé Nuage de novembre... L'éléphante toucha le veau avec sa trompe, comme s'il était son petit. Koneyk ne l'avait encore jamais vue faire cela.

A partir de ce jour, il nomma l'éléphante Yoyo, ce qui signifie mère en

masaïs et l'éléphant Leng-Aina, ce qui veut dire « Celui au Long Bras » et aussi éléphant. Maintenant qu'ils avaient des noms, Konyek les distinguait de tous les autres éléphants, et les considérait comme ses amis.

Le lendemain matin, quand il s'éveilla et sortit, il ne les trouva nulle part. Il les chercha tout autour du refuge, scruta l'horizon, à l'est et à l'ouest, les appela... En vain. Il chercha plus loin, mais il avait plu dans la nuit et l'eau avait effacé leurs empreintes. Alors, il s'affola puis il fut triste. Sans eux, la colline semblait désolée et exposée au danger.

Il enferma la chèvre et son chevreau dans le refuge, bloquant l'entrée avec de grosses pierres, mais il emmena le veau avec lui. Konyek écouta attentivement et se concentra, essayant de capter un signe des éléphants. Il avait l'impression que tout – les broussailles, les arbres, l'herbe et même la terre – était étrangement calme. Quelque chose de très spécial allait arriver. C'était comme une vibration du silence qu'il ne parvenait pas à s'expliquer. Il était certain que tout autour de lui le sentait : les arbres, les buissons et l'herbe sous ses pieds, et peut-être même Nuage de novembre.

Immobile, il écouta encore. Pas très loin de là, le troupeau de zèbres et deux impalas châtains broutaient, un oiseau de miel chantait, mais il ne leur prêta guère d'attention. Poussé par une force irrésistible, il descendit la colline vers un bosquet d'arbres. Il le traversa et parvint sur une sorte de corniche. Un peu plus loin, parmi les hautes herbes et les buissons, il vit Yoyo et Leng-Aina.

Yoyo leva la tête et barrit en guise d'avertissement. Surpris, Konyek s'immobilisa car cela n'était jamais arrivé. Puis Leng-Aina, qui se tenait devant Yoyo et la cachait, bougea sur le côté.

Alors, émerveillé, enthousiaste, Konyek vit ce qui arrivait.

15. La naissance d'Ol-Kulto

Près de Yoyo gisait un nouveau-né, parfaite copie en miniature de sa mère qui le caressait avec sa trompe. Konyek vit que la pluie avait lavé le bébé et que les vautours tournoyaient dans le ciel, prêts à engloutir le placenta. L'éléphanteau se dressa péniblement et chercha le lait maternel, mais entre les pattes arrière de Yoyo. Il était encore si faible qu'il bascula dans l'herbe.

Sa mère l'aida à se relever et il chercha de nouveau le lait. Quand il trouva les mamelles, il dut étirer si fort la trompe pour téter qu'il retomba sur le sol. Yoyo fit quelques pas en avant, se retourna et, une fois de plus, aida son petit à se mettre sur ses pattes.

Konyek s'assit et observa cette lutte pour commencer à vivre, pour se mettre debout et atteindre le lait. Patiente et douce, la mère caressait son enfant avec sa trompe, comme une femme caresse son bébé de la main jusqu'à ce qu'il commence à téter.

Konyek resta toute la journée auprès d'eux, avec Nuage de novembre. Qu'allait-il se passer quand le veau et l'éléphanteau se rencontreraient? Deviendraient-ils amis? Konyek décida de donner un nom au nouveau-né, comme il le faisait pour les veaux du troupeau de son père. Et comme jour et nuit depuis deux semaines, le ciel déversait son eau sur la terre, il l'appela d'abord Fils des Grands Orages. Puis, s'émerveillant devant sa petitesse, il trouva plus approprié de l'appeler Ol-Kulto qui, en masaïs, signifie chenille. Ou plutôt, faible petite chenille.

Ce nom lui plut car il lui rappelait

l'histoire de la chenille que racontait sa grand-mère :

Il était une fois une chenille qui s'installa dans la maison d'un lièvre. En rentrant chez lui, celui-ci vit les empreintes et cria :

– Qui est dans ma hutte?

La chenille lui répondit d'une voix forte :

– Je suis le Guerrier solitaire! J'ai combattu avec courage à la bataille de Kurtiale! J'ai fait mordre la poussière au rhinocéros et transformé l'éléphant en bouse! Je suis invincible!

Très surpris, et n'osant entrer chez lui, le lièvre courut raconter ça aux autres animaux. Il le dit d'abord à l'hyène, qui rit et rit encore, n'en croyant pas un mot. Mais le lièvre lui demanda d'aller chez lui et de voir par elle-même. L'hyène partit et, se tenant devant la maison du lièvre, cria d'une voix forte :

– Qui est là-dedans?

La chenille répondit d'une voix plus forte encore :

– Je suis le Guerrier solitaire ! J'ai combattu avec courage à la bataille de Kurtiale ! J'ai fait mordre la poussière au rhinocéros et transformé l'éléphant en bouse ! Je suis invincible !

Sur ces paroles, l'hyène partit en courant, la queue entre les pattes.

Le lièvre alla chez le rhinocéros et lui raconta l'histoire. Irritée, l'énorme bête s'ébroua et refusa de croire ses paroles. Le lièvre le persuada de voir par lui-même et le rhinocéros se rendit chez lui. Et, restant dehors, il demanda d'une voix puissante :

– Je suis le féroce rhinocéros. Qui a osé entrer chez le lièvre ?

Et la chenille répondit d'une voix plus puissante encore :

– Je suis le Guerrier solitaire ! J'ai combattu avec courage à la bataille de Kurtiale ! J'ai fait mordre la poussière au rhinocéros et transformé l'éléphant en bouse ! Je suis invincible !

Surpris, le rhinocéros partit sans dire un mot, trottant entre les arbustes.

Bientôt, tous les animaux furent au courant et chacun courut jusqu'à la maison du lièvre et cria d'une voix forte :

– Qui est là ?

A tous, la chenille répondit d'une voix plus forte encore :

– Je suis le Guerrier solitaire...

Le léopard et le lion y allèrent et enfin l'éléphant, le plus fort de tous les animaux.

Quand la chenille entendit les pas de l'éléphant qui faisaient trembler la terre, elle fut terrorisée. Mais, dissimulant sa peur, elle lui répondit d'une voix encore plus puissante :

– Je suis le Guerrier solitaire ! J'ai combattu avec courage à la bataille de Kurtiale ! J'ai fait mordre la poussière au rhinocéros et transformé l'éléphant en bouse ! Je suis invincible !

De tous les animaux, seule la grenouille ne s'était pas encore rendue à la maison du lièvre. Elle se mit en route. En y arrivant, elle resta dehors et dit d'un ton méprisant :

– Je suis forte et je saute, mes hanches sont comme des poteaux et Dieu m'a faite abominable !

Tremblante, la chenille dit d'une petite voix :
– Je ne suis que la chenille.

En apprenant la nouvelle, tous les animaux se mirent à rire car la minuscule chenille les avait tous trompés, les plus forts comme les plus grands.

En regardant le minuscule éléphanteau dont avait accouché la puissante Yoyo, Konyek pensa que le nom d'Ol-Kulto – la petite chenille – lui allait bien. Et, quand le bébé aurait grandi, il l'appellerait Fils des Grands Orages.

16. Le départ de la colline

Pendant quelques jours, Konyek se tint à distance d'Ol-Kulto et de sa mère. Il connaissait l'inquiétude des éléphants quand un bébé naît et il savait avec quel soin ils le protègent.

Mais l'éléphanteau, curieux, s'approcha de Nuage de novembre et le toucha avec sa petite trompe pour faire connaissance. Ensuite, il essaya de mettre le bout de sa trompe dans la bouche du veau, comme le font affectueusement tous les éléphants pour se saluer.

A partir de ce moment, les deux petits furent toujours ensemble.

Ol-Kulto s'attacha très vite à Konyek et, quand Yoyo fut moins nerveuse et zélée, il suivit l'enfant dans le refuge, palpant les parois avec sa trompe jusqu'à ce que tout lui soit familier. Très joueur et affectueux, il courait après Konyek, comme un enfant. Et Konyek l'aimait autant que Nuage de novembre. Très vite, Yoyo fit totalement confiance à l'enfant et le laissa s'approcher quand elle nourrissait le petit.

Le chevreau blanc était, lui aussi, très polisson. Il gambadait et sautait autour d'Ol-Kulto qui n'était pas aussi agile que lui. Quand ils jouaient ensemble, l'éléphanteau trébuchait et tombait et cela faisait rire Konyek.

Ol-Kulto adorait aussi jouer dans l'eau mais, ce qu'il préférait, c'était se rouler dans la boue avec Yoyo et Leng-Aina, et se traîner ensuite sur la terre fraîche et douce. Il se réfugiait souvent sous le ventre de sa mère, dans cet endroit sombre et sûr entre les quatre pattes solides. Les énormes pieds de Yoyo ne marchaient jamais sur le petit.

Ol-Kulto devenait chaque jour plus fort et Konyek se familiarisait chaque jour un peu plus avec l'incessante activité de la colline. Les hérons blancs suivaient les pas des éléphants et mangeaient les insectes qu'ils déterraient en marchant.

Une famille de mangoustes vivait près du refuge, dans une fourmilière vide presque aussi haute que le veau. Konyek voyait souvent un couple d'autruches et, un jour, le mâle fit sa cour à la femelle. Son magnifique plumage noir et blanc étalé en un grand éventail, il s'inclinait gracieusement vers le sol et se balançait sur ses longues pattes comme le feuillage d'un arbre dans le vent. En observant ce couple, il pensa que son peuple avait bien nommé l'autruche. En effet, il l'appelait *sidai*, ce qui signifie beau en masaïs.

Il contemplait souvent les babouins en train de jouer, les bébés agrippés au dos de leur mère. Quelquefois, un troupeau de majestueux impalas se joignait à leurs jeux sur la colline.

De temps à autre, Konyek aimait sortir la nuit, quand la pluie cessait et que la lune réussissait à apparaître un moment à travers les nuages.

Les grands éléphants marchaient si silencieusement qu'il les sentait ou apercevait leurs silhouettes grises avant de les entendre. Il avait vu des chacals passer furtivement dans la lumière argentée de la lune et, une fois, il avait rencontré les yeux jaunes d'un lion. Il n'avait pas bougé et l'animal avait continué son chemin sans remarquer sa présence.

Maintenant qu'il pouvait laisser Nuage de novembre en toute sécurité avec les deux éléphants, il déambulait pendant des heures dans la forêt. Près de la mare cachée, où reposait l'eau paisible et pâle comme une perle dans une huître, il vit comment les cigognes se nourrissaient. Il y avait des oiseaux aux ailes écarlates qui resplendissaient comme des flammes entre les feuilles, et beaucoup de papillons aux couleurs du ciel à l'aube et au crépuscule.

Parfois, quand il retournait au refuge le soir, il avait la sensation que les trois éléphants, le veau, la chèvre et le chevreau l'attendaient. Il pensait souvent à sa famille et à son foyer avec nostalgie. Malgré tout, il n'était pas malheureux.

Puis, pendant plusieurs jours, il ne plut pas. Konyek comprit alors que le dieu noir avait essoré les nuages jusqu'à la dernière goutte et que le ciel ne déverserait plus d'eau sur la terre pendant longtemps. Il grimpa au sommet de la colline et regarda en bas. Le niveau de l'eau baissait. Bientôt, il pourrait quitter la colline.

En se souvenant de ses parents, de sa grand-mère, d'Ol-Poruo et de ses frères et sœurs, il fut heureux. Puis il pensa à Parmet et il eut peur. Quand, redescendant la colline, il vit l'éléphanteau et le veau dans la lumière dorée du soir, il fut triste. D'ici peu, il devrait se séparer de ses amis les éléphants. Et Nuage de novembre aussi.

Jour après jour, le niveau de l'eau baissait et Konyek sentait que les éléphants étaient de plus en plus impatients. Ils pourraient bientôt poursuivre leur voyage à la recherche du reste du troupeau et, comme eux, il retrouverait sa famille.

Un matin, ils partirent avant que Konyek ne s'éveille. Il les appela, mais il savait qu'il ne les trouverait plus. Peut-être l'avaient-ils attendu aussi longtemps que possible, jusqu'à ce que leur instinct profond les pousse à s'en aller?

Le chagrin envahit Konyek. Et Nuage de novembre aussi, désolé sans Ol-Kulto.

N'importe quel homme souffre quand il est seul. Mais Konyek savait déjà comme il serait heureux de revoir sa famille, et le veau de retrouver le troupeau.

En arrivant en bas de la colline, il se retourna et jeta un dernier regard en arrière. Il contempla un long moment le sol inégal avec ses creux et ses bosses, les arbres et les buissons, les monticules de terre et les tas de pierres du sommet. Il n'oublierait pas ce paysage. Et, comme il se disait qu'il ne reviendrait peut-être jamais ici, la colline lui parut aussi familière que le visage d'un ami. Aussi lui donna-t-il un nom.

Il l'appela la colline du Bon Refuge. Il y avait trouvé un abri et de quoi manger, ses pentes avaient aussi hébergé et nourri Nuage de novembre, les chèvres et les trois éléphants.

Konyek finit par se détourner. Il entreprit de traverser la vallée avec son petit troupeau.

17. Le voyage du retour

Au début, ils avancèrent lentement car ils marchaient dans la boue épaisse ou pataugeaient dans l'eau. Puis ils quittèrent la vallée et quand ils atteignirent les hautes terres, le chemin devint plus facile. A la nuit tombante, Konyek attacha la chèvre à un tronc d'épineux et s'endormit, la tête reposant sur le veau, comme toujours.

Ses rêves furent troublés par la vision de Parmet. Celui-ci le pourchassait avec une lance en argent à la main, pendant que les garçons et les filles de son âge, les Grandes Plumes d'Autruche, attendaient et riaient. Mais, au matin, il oublia ses rêves en voyant la terre doré et vert, l'eau chanter dans les rivières et le ciel plus bleu que les pétales des anémones sauvages.

Plus tard, il marcha avec un vieil homme qui lui demanda d'où il venait et où il allait. Konyek lui raconta l'attaque, comment le petit chasseur l'avait sauvé et conduit au village des pillards et comment il avait récupéré le veau.

Le vieil homme lui dit :

– Je connais le Dorobo dont tu me parles. Je suis passé à l'endroit où tu gisais, blessé, et il m'a demandé de dire aux tiens où tu étais et tout ce qui était arrivé. Mais, quand je suis arrivé à ton village, les gens l'avaient déjà quitté pour aller plus haut dans les collines, là où il y avait encore un peu d'eau pour le troupeau.

– Sais-tu où ils sont allés? lui demanda Konyek.

– Ils ont pris le chemin qui mène au-delà du lac asséché – bien qu'il déborde maintenant – jusqu'à la forêt de grands cèdres et de podos. Ensuite, ils ont traversé les collines des Sept Bœufs, car elles ont sept bosses comme celles de nos bêtes, et ils se sont installés un peu plus loin. Quand tu en approcheras, renseigne-toi à nouveau. Tout le monde sait où habite Ol-Poruo du Bouclier invincible, fils du grand prophète qui a prédit l'arrivée des hommes à la peau pâle comme la lune et aux cheveux couleur de fleur de cassier.

Il regarda le garçon, petit-fils du prophète connu sous le nom d'Ol-le-Langoi. Il vit qu'il était grand, mince et beau. Courageux aussi puisqu'il avait retrouvé le veau noir. Mais il se demanda pourquoi il était resté absent si longtemps. Quand il questionna Konyek, celui-ci lui raconta qu'il avait dû vivre sur la colline du Bon Refuge avec les éléphants. Pour passer le temps, tout en marchant, et pour le mettre à l'épreuve, le vieil homme lui posa des devinettes.

– A quoi ressemblent mes guerriers quand ils se tiennent sur un pied?

– A des petits cyprès, répondit Konyek sans hésiter.

Le vieil homme continua :

– A quoi ressemblent mes guerriers quand ils forment un cercle et qu'on ne peut savoir quels sont le premier et le dernier ?

– Aux piquets auxquels on accroche une peau pour l'étirer, répondit Konyek avec autant de rapidité.

– Je possède deux peaux. Je me couche sur l'une et l'autre me couvre. Quelles sont-elles ?

– L'une est la terre et l'autre le ciel.

– Et la lanière de peau dont une des extrémités est humide ?

– C'est le chemin qui mène à l'eau, dit Konyek.

Le vieil homme hocha la tête, satisfait. Puis ils se séparèrent et poursuivirent chacun leur route.

Ce soir-là, Konyek s'endormit sous un figuier géant. Il entendit le vent dans les feuilles, le murmure de la rivière et, dans la nuit, le rugissement lointain d'un lion. Quand il se réveilla, un grand serpent rayé pendait des branches de l'arbre. Il s'assit calmement, sans avoir peur ni essayer de lui faire mal.

Son peuple croyait que l'esprit d'un grand homme mort allait au ciel et que celui d'un homme bon mais peu important, se réincarnait dans le corps d'un serpent. C'est pourquoi Konyek pressa les mamelles de la chèvre et fit tomber du lait sur le sol pour le serpent. Puis il reprit son chemin.

Plus tard, il traversa la forêt des grands cèdres et arriva aux collines des Sept Bœufs.

Il rencontra une bande de jeunes garçons qui chantaient joyeusement en marchant et comprit qu'ils célébraient la fin de leur enfance. Ils allaient de village en village avant le grand jour de la circoncision. Aucun n'était de son village, mais ils avaient le même âge que les Grandes Plumes d'Autruche. Konyek en déduisit que la date de la cérémonie avait été fixée et qu'il devait lui aussi rejoindre son groupe. Une vive émotion bondit en lui.

Il vit alors qu'ils le regardaient avec curiosité et que l'un d'eux parlait tout bas aux autres, leur rappelant l'histoire de Konyek et du veau. Ils se mirent à rire d'un air moqueur et poursuivirent leur chemin en chantant.

Profondément troublé, Konyek repartit lentement. Il savait maintenant que les mensonges de Parmet s'étaient propagés. Il marcha tout près de Nuage de novembre et la chaleur tiède de son corps le réconforta un peu.

Le soir, à l'heure où le troupeau revient au village, Konyek parvint aux collines situées après celles des Sept Bœufs. Comme il se demandait quelle direction prendre, il entendit chanter, sentit l'odeur du troupeau et celle du feu de bois de leleshwa.

A travers la barrière de branches, il vit les guerriers danser et sauter haut, pour que leur coiffure se soulève à chaque bond. Les femmes aussi dansaient de leur côté, secouant leur corps en rythme. Parmi elles, il reconnut sa mère et sa grande sœur. Son cœur se mit à battre rapidement et de nouveau, l'émotion bondit en lui aussi violente que les sauts des guerriers. Puis il aperçut Parmet et sa joie s'évanouit, comme le petit vent les jours de grande chaleur.

Il n'avait plus envie d'entrer au village maintenant. Il resta au-dehors, près du veau, et observa la fête. Il savait que ces hommes étaient les premiers à descendre des collines où ils avaient passé leurs derniers jours de guerrier. Bientôt, leurs mères couperaient leur chevelure si minutieusement ornée, et les mèches cuivrées et tressées tomberaient sur une peau de vache tendue sur le sol, sur laquelle ils s'assiéraient.

Comme l'arbre perd ses feuilles ou fleurit, suivant la saison, ces hommes abandonnaient leurs cheveux et passaient de la période de guerrier à celle d'homme marié. Ils laissaient la place à une nouvelle génération de guerriers qui, à son tour, ferait de même avec la génération des nouveaux initiés. Leur vie suivait un cycle aussi clairement défini que celui de la nature, passant de l'enfance à la vieillesse comme les saisons vont du printemps à l'hiver.

Konyek quitterait bientôt l'enfance et deviendrait un homme. Mais il ne se réjouissait pas comme ces jeunes qu'il avait rencontrés sur le chemin. Il avait peur des mensonges de Parmet, de la colère de son père et du mécontentement d'Ol-Poruo.

Les gens continuaient à danser au clair de lune. Les femmes et les hommes ensemble maintenant, et la lune était si brillante que Konyek pouvait voir l'éclat de l'ocre sur leurs corps. Il se sentit honteux et triste. Il n'avait pas sur le corps l'ocre qui embellissait.

Alors, il s'éloigna en rampant et se cacha dans la forêt près du village. Une fois de plus, il dormit à la belle étoile avec Nuage de novembre.

Des voix le réveillèrent aux premières brumes du matin, et il vit les anciens et les hommes mariés qui avaient amené dans la forêt un bœuf qu'ils s'apprêtaient à sacrifier.

En voyant son père et Ol-Poruo, le cœur de Konyek se mit à battre comme un tam-tam.

Son père aidait à attacher le bœuf et, quand celui-ci fut couché sur le flanc, un autre homme s'accroupit, enfonça un couteau dans la nuque de l'animal et le tua. Puis ils l'écorchèrent et le découpèrent en morceaux. Ils fabriquèrent un grill en bois, allumèrent un feu et firent rôtir la viande lentement, tout en bavardant par petits groupes.

Konyek les observa sans se montrer. Les femmes arrivèrent pour prendre leur part de viande, car ni elles ni les enfants n'étaient autorisés à manger avec les hommes. Voyant sa mère et sa grand-mère, il fut tenté de les appeler et se retint.

Quand les hommes commencèrent leur festin, il s'éloigna discrètement entre les arbres.

Il ne pouvait se cacher plus longtemps, mais il décida de rentrer au village quand son père et Ol-Poruo y seraient. Il ne voulait pas qu'entre Parmet et lui, il se passe quoi que ce soit que ses parents n'entendent pas. Sachant qu'ils seraient de retour dès le festin terminé, il attendit la nuit.

Alors, il descendit au village.

18. Le jugement de Konyek

Un bras autour du cou de Nuage de novembre, et la chèvre suivie du chevreau marchant à ses côtés, Konyek entra au village. Les chants et les danses s'arrêtèrent et les villageois le fixèrent sans bouger. Ol-Poruo et son père s'approchèrent et ce dernier lui dit :

– Tu es absent depuis tant de semaines que nous pensions que tu étais mort.

– Parmet m'a abandonné dans la vallée pour que je meure quand les guerriers m'ont attaqué et blessé, répondit Konyek.

Le ton dur de l'enfant étonna autant que son apparition, car tous connaissaient sa douceur et sa gentillesse.

– Il ment! cria Parmet. Ne vous ai-je pas dit qu'il a quitté le troupeau avec le veau noir? Si je n'avais pas dit la vérité, pourquoi reviendrait-il maintenant avec lui?

Les villageois murmurèrent leur assentiment, mais Ol-Poruo les fit taire et demanda à Konyek de raconter tout ce qui lui était arrivé depuis son départ.

Konyek leur parla du Dorobo qui l'avait aidé, des nuits passées dans la

forêt et de la crue de la rivière. Il leur raconta la lutte avec le berger et comment, après avoir vaincu, il avait récupéré Nuage de novembre. Il décrivit la poursuite des guerriers, l'orage qui avait éclaté et leur parla de Yoyo et de Leng-Aina, restés avec lui sur la colline du Bon Refuge.

Mais, avant qu'il ait terminé son récit, Parmet éclata d'un rire sonore et ironique. Les garçons et les filles de son âge l'imitèrent, ainsi que les hommes mariés et les femmes.

Ecrasé de honte puis piqué par la

colère, Konyek arracha alors brusquement le pagne orange qui couvrait son épaule et montra la trace de sa blessure encore récente. Une longue et profonde cicatrice. Les gens s'attroupèrent autour de lui pour la regarder et, pendant un instant, Parmet fut confondu.

– Voyez la blessure que m'a faite la lance d'un guerrier! cria Konyek, furieux. Est-ce que je l'avais en quittant le village? Que celui qui l'a vue le dise!

Parmet cria :

– Prouve-nous que c'est bien la lance d'un ennemi! Tu as été si longtemps absent... Peut-être que tu as rencontré un lion sur ta colline? Peut-être t'es-tu trop approché de tes amis les éléphants...

A ces mots, les gens rirent à nouveau. Encouragé, Parmet continua d'un ton narquois :

– Peut-être que les crocodiles t'ont poursuivi le long de la rivière en crue... Ou que les hippopotames t'ont mordu? A moins que le berger t'ait blessé quand tu luttais avec lui, comme tu dis. Et tu voudrais nous faire croire que c'est la lance d'un pillard! J'étais là et j'ai vu ce qui se passait de mes propres yeux ! Peut-être que l'un d'eux t'a suivi dans les broussailles où tu fuyais, et t'a puni pour ta lâcheté ?

Les villageois se mirent à parler tous en même temps et quelques-uns se moquèrent de Konyek. Ol-Poruo les fit taire à nouveau et leur annonça qu'au matin, ils se réuniraient sous le grand figuier près du village, pour juger Konyek selon la coutume.

Parmet regarda Konyek avec haine, Ol-Poruo et son père avec sévérité. Sa mère détourna le regard. Son frère Marangu le fixait d'un œil anxieux et embarrassé. Seuls les petits enfants le regardaient comme avant.

Chacun entra dans sa hutte.

Konyek resta dehors près de Nuage de novembre. Il lui semblait que c'était son seul ami.

La lune se leva et il dormit encore avec le veau d'un sommeil agité car il rêva de Parmet. Il s'éveilla bien avant l'aube, tremblant de froid, mais il n'entra pas dans sa hutte. Il contempla le sommet miroitant du Kilimandjaro caché depuis si longtemps par la pluie et les nuages. Il lui parut beau comme un œuf argenté qu'une autruche géante aurait déposé sur les nuages. Puis il pensa à l'assemblée imminente, sous le figuier, et son cœur se serra car il ne pouvait prouver son histoire.

Avant que le soleil illumine le ciel, il sortit du village pour éviter les femmes qui allaient sortir pour traire les vaches. Il fit paître la chèvre, le chevreau et Nuage de novembre près du figuier.

Bientôt, les villageois arrivèrent – par deux ou trois – et s'assirent en demi-cercle devant les anciens. Quand ils furent tous là, un des anciens prit la corne porte-voix et parla aux gens. Puis il appela Konyek.

De nouveau, celui-ci raconta son histoire mais, cette fois, les anciens l'interrogèrent sur chaque détail. Ils les examinèrent un par un, comme un sorcier analyse les pierres magiques dans sa calebasse, et en les remâchant soigneusement comme une vache qui rumine.

Quand ils demandèrent à Konyek pourquoi il n'était pas revenu au village avant d'aller chercher le veau, il leur répondit que le petit chasseur avait confié un message à un vieil homme. Mais ils ne le crurent pas, car aucun homme ne s'était présenté. Ils n'étaient pas non plus convaincus de sa rencontre avec le vieil homme sur le chemin du retour, ni que celui-ci lui avait assuré être venu au village et l'avoir trouvé désert. Ils furent tous d'accord pour dire qu'il aurait dû revenir, au lieu de s'en aller sans la permission de son père.

Parmet fut aussi questionné. Il expliqua que Konyek était parti se reposer à l'ombre des arbres avec le veau. Il dit qu'en entendant soudain les cris des guerriers, il avait essayé de disperser son troupeau et celui de Konyek vers les arbres. Il avait alors appelé son cousin à l'aide mais, au lieu de répondre, Konyek avait détalé avec le veau.

Les anciens étudièrent les histoires des deux jeunes gens et vérifièrent les dires de chacun avec la patience d'une femme qui tresse un panier. Ils parlèrent et discutèrent jusqu'à ce que le soleil disparaisse derrière les collines et qu'il n'en reste plus qu'une traînée de fumée dorée dans le ciel.

Finalement, les anciens furent d'avis que Parmet devait dire la vérité puisque Konyek était revenu avec le veau – même s'il avait disparu dans les broussailles avec l'animal. Et qui, parmi les villageois, avait entendu parler d'un homme vivant avec les éléphants ? Un Masaïs vit avec son troupeau et avec les autres hommes. De plus, Konyek n'aurait vraiment pas dû quitter le village sans la permission de ses aînés.

Tous murmurèrent leur accord. Konyek vit le visage de son père assombri de honte. Et il se sentit lui aussi plein de honte et de désespoir. Plein de fureur aussi en entendant le gros rire de son cousin et en voyant dans ses yeux la rancune et le triomphe. Quand il regarda Ol-Poruo, il ne put rien lire du tout sur son visage impassible comme un masque.

Les Anciens remirent au lendemain la décision de la punition à infliger à Konyek. Les garçons et les filles de son groupe ne lui parlaient pas ou alors, pour l'insulter et se moquer de lui. Konyek s'éloigna rapidement avec Nuage de novembre et s'assit à l'écart.

Ses plus jeunes frères et ses sœurs, qui ne comprenaient pas ce qui se passait, l'entourèrent. Heureux de son retour, ils crurent les histoires de Yoyo et de Leng-Aina et lui demandèrent de les raconter encore et encore.

Ils étaient assis tous ensemble quand un barrissement sauvage retentit. Le cri d'un éléphant malade. Aussitôt, Konyek sut que c'était Yoyo et Leng-Aina. Il courut vers eux tandis que les enfants rentraient au village comme il le leur avait ordonné. Ces derniers dirent aux villageois où était Konyek, et les hommes et les garçons allèrent voir.

Dès qu'ils le virent, la peur et la surprise les arrêtèrent. Le spectacle était étrange et impressionnant.

Il y avait trois éléphants, deux adultes et un petit. La femelle gisait sur le sol, une flèche fichée dans son énorme flanc. Le bébé, près d'elle, la caressait anxieusement de sa petite trompe. Le mâle aussi la caressait doucement, également anxieux, tandis que Konyek, à genoux sur son ventre essayait d'arracher la flèche empoisonnée... Et l'élé-

phante restait tranquille et ne l'attaquait pas !

Médusés, les villageois se taisaient, n'en croyant pas leurs yeux. Ils entendirent Konyek parler gentiment à l'éléphante. Et ils virent le bébé le caresser de sa trompe sans aucune crainte, comme s'il le connaissait bien.

Alors, quelque chose de stupéfiant arriva. Nuage de novembre passa devant les villageois en courant et rejoignit l'éléphanteau. Celui-ci fit courir sa trompe sur le corps du veau et essaya de la rentrer dans sa bouche. Plus personne ne douta du lien qui les unissait.

A ce même moment, une silhouette apparut entre les arbres. L'homme était petit et nerveux, ses jambes minces et tordues comme les branches d'un épineux, ses yeux brillaient de gentillesse et de ruse. Il appela Konyek car il n'osa pas s'approcher des éléphants. Le garçon l'entendit, bondit, la flèche dans la main, courut vers lui et le salua amicalement.

Tous entendirent ce que disait Konyek :

– Je sais que toi et ton peuple, vous êtes

chasseurs et mangeurs d'éléphant. Mais, je t'en supplie, épargne la vie de cette bête! Elle m'a aidé comme tu l'as fait toi-même. Donne-moi l'antidote du poison mortel de la flèche.

Le chasseur ouvrit sa bourse et en sortit une petite corne bouchée à l'une de ses extrémités. Il la déboucha et dit à Konyek de répandre la poudre sur la blessure pour arrêter l'effet du poison. Le garçon s'exécuta immédiatement et, pendant tout ce temps, le veau et l'éléphanteau étaient tout près l'un de l'autre.

Quand Konyek eut fini de soigner l'éléphante, Ol-Poruo appela le chasseur. Il lui demanda de raconter sa rencontre avec son petit-fils et tout ce qui était arrivé ensuite.

Le Dorobo expliqua qu'il avait trouvé Konyek grièvement blessé dans la vallée. L'ayant transporté dans l'abri qu'il avait construit avec des branches, il avait pris soin de lui jusqu'à ce qu'il aille mieux. Il parla aussi du vieil homme rencontré dans la vallée auquel il avait demandé de porter un message au village de Konyek. Puis, comme personne ne venait, il avait mené Konyek au village des pillards et ne l'avait plus revu.

Tout le monde se mit à parler en même temps et les voix s'élevèrent comme le clapotis de la pluie sur le sol pendant l'orage. Les villageois comprenaient que Konyek avait dit la vérité et n'avait pas inventé un seul mot de son histoire.

Ol-Poruo leur demanda de se taire et, le visage dur et sévère, se tourna vers Parmet. Il ordonna au jeune homme d'expliquer ses mensonges et pourquoi il avait laissé son cousin mourir dans la plaine.

Parmet ne put le faire. Il tremblait de peur. Quand il essaya de parler, il bégaya et personne ne put le comprendre. Tous les garçons et les filles des Grandes Plumes d'Autruche se tournèrent vers lui et l'insultèrent pour sa conduite honteuse. Ol-Poruo les fit taire et dit :

– Il y a un proverbe chez nous qui dit qu'un veau a autant de valeur qu'un homme. Si un homme soigne bien son veau, celui-ci devient une belle vache qui en donne beaucoup d'autres. Alors, l'homme devient riche, peut avoir de nombreuses femmes et beaucoup d'enfants. Dans cette affaire, Konyek a agi courageusement et a récupéré Nuage de novembre qui sera un animal splendide. Peut-être qu'en récompense de son courage, son père lui donnera un jour ce veau qu'il aime tant. A son fidèle ami le chasseur, qui lui sauva la vie deux fois, nous offrirons un bœuf pour qu'il puisse festoyer avec sa tribu, et une vache pleine pour qu'il ait du lait.

Le cœur de Konyek déborda de joie et les garçons et les filles des Grandes Plumes d'Autruche chantèrent et dansèrent autour de lui. Cette nuit-là, il s'assit dans sa hutte et le Dorobo accepta de boire une corne de vin de miel.

La lumière du feu illuminait le visage souriant de sa mère et les rangs de perles de ses colliers en large cercle du cou jusqu'aux épaules. Le feu éclairait les enfants assis tout autour. Et il éclairait aussi le visage de sa grand-mère, ridé comme la terre pendant la sécheresse, ainsi que la ronde calebasse de lait sur le sol. Konyek était heureux dans la chaleur et la sécurité de sa hutte.

Quand sa grand-mère eut fini son histoire, il se glissa dehors, au clair de lune et, amenant Nuage de novembre avec lui, il alla revoir les éléphants qui n'étaient plus trois mais bien plus nombreux. Leng-Aina et un autre éképhant aidaient Yoyo à se relever. Konyek n'approcha pas, craignant l'éléphant inconnu. Soudain, Ol-Kulto ayant flairé son odeur et celle du veau, courut vers eux. Les éléphants commençaient à partir. Ils barrirent de colère, ordonnant à Ol-Kulto de les suivre. Il fit demi-tour et courut vers les siens mais, à mi-chemin entre le troupeau et Konyek avec Nuage de novembre, il s'arrêta. Il resta là un instant, petit animal dans l'espace éclairé par la lune entre la forêt et les collines escarpées. Enfin, il trotta d'un pas incertain vers les éléphants. Konyek le vit disparaître entre les arbres et une vague de tristesse troubla sa joie, pure comme la mare cachée au cœur de la forêt sur la colline. Il savait maintenant qu'il en était ainsi pour chacun et que son initiation avait commencé le jour où les pillards l'avaient attaqué.

Tout était calme et silencieux. Il revint au village avec Nuage de novembre que, ce soir-là, son père lui avait offert.

Table des matières

1. La naissance d'un veau . . 9
2. Saison d'abondance 13
3. Les enfants du sycomore . 21
4. Saison de disette 31
5. Le premier Dorobo 47
6. L'attaque 55
7. Le petit chasseur 65
8. La tribu émigre 77
9. Konyek commence sa recherche 89
10. La femme et les jumeaux . 105
11. La rivière en crue 111
12. La fuite 119
13. La colline du refuge 129
14. Les éléphants sauvent Nuage de novembre 139
15. La naissance d'Ol-Kulto . . 147
16. Le départ de la colline . . . 153
17. Le voyage du retour 161
18. Le jugement de Konyek . . 171

l'Atelier du Père Castor présente

la collection Castor Poche

La collection Castor Poche vous propose :

- des textes écrits avec passion par des auteurs du monde entier,
  par des écrivains qui aiment la vie,
  qui défendent et respectent les différences ;
- des textes où la complicité et la connivence entre l'auteur et vous se nouent et se développent au fil des pages ;
- des récits qui vous concernent parce qu'ils mettent en scène des enfants et des adultes dans leurs rapports avec le monde qui les entoure ;
- des histoires sincères où, comme dans la réalité, les moments dramatiques côtoient les moments de joie ;
- une variété de ton et de style où l'humour, la gravité, la fantaisie, l'émotion, la poésie se passent le relais ;
- des illustrations soignées, dessinées par des artistes d'aujourd'hui ;
- des livres qui touchent les lecteurs à différents âges et aussi les adultes.

Un texte au dos de chaque couverture vous présente les héros, leur âge, les thèmes abordés dans le récit. Vous pourrez ainsi choisir votre livre selon vos interrogations et vos curiosités du moment.

Au début de chaque ouvrage, l'auteur, le traducteur, l'illustrateur sont présentés. Ils vous invitent à communiquer, à correspondre avec eux.

CASTOR POCHE
Atelier du Père Castor
4, rue Casimir-Delavigne
75006 PARIS

397 **Message extraterrestre**
par Philip Curtis

Des écoliers anglais écrivent à des écoliers français. Seul Chris ne trouve pas de correspondant. Très déçu, il s'en va traîner dans son parc favori, lorsqu'une mini-tornade dépose à ses pieds un message codé. Qu'importe ! Le garçon répond, et se retrouve doté d'un correspondant extraterrestre. De fil en aiguille, Chris et deux de ses amis se font embarquer dans un vaisseau spatial...

398 **Les épaules du diable (Senior)**
par Pierre Pelot

Dans l'Ouest américain, en 1886, les grandes compagnies d'éleveurs de bétail règnent en maîtres. Caine, le fermier, veut protéger son domaine derrière des clôtures. C'est la guerre... et la ruine. Caine va renouer avec le passé, ses seules chances sont de gagner un rodéo. Caine remonte sur les épaules du diable...

399 **Quatre de trop**
par Marie-Sophie Vermot

Blaise, douze ans, vit avec sa mère, dans un appartement dijonnais. Un beau matin, elle lui annonce son prochain remariage. Oui mais voilà : le futur mari, Aldo, est veuf, et s'installera à la maison avec ses quatre enfants. Blaise est horrifié, va-t-il se laisser envahir par une bande de gosses ?

400 **Jean de Bise (Senior)**
par Anne Pierjean

Le curé Gaudier règne sur sa paroisse en cet été 1770. Mathilda Delauze dite la Thilda est espiègle et s'amuse à composer des chansons impertinentes. Cette fois, elle a pris pour cible Jean de Bise, bûcheron de son état. Oui, mais la Thilda a seize ans et ses gamineries, aux yeux de Jean de Bise, sont des provocations.

401 **Les enfants baladins (Senior)**
par Lida Durdikova

Ce livre est le témoignage gai et vivant de la naissance de la troupe d'enfants handicapés, pensionnaires de l'Institut Bakulé, qui en sillonnant les routes de Tchécoslovaquie avec leur spectacle de marionnettes ont permis aux enfants de l'Institut de survivre en attendant des jours meilleurs.

402 **Clandestin à l'hôtel (Senior)**
par Dean Hughes

David, orphelin, en a assez d'être trimballé de foyer en famille d'accueil. Un jour, il part, seul, et se réfugie dans un hôtel, où Paul, le portier de nuit, le cache dans une chambre. Le personnel de nuit l'adopte peu à peu, chacun retrouvant ainsi l'illusion d'une famille unie. Mais cela ne peut durer bien longtemps, David, client clandestin, devra trouver une solution durable.

403 **Le prince Caspian**
par C. S. Lewis

Si pour Pierre, Suzanne, Edmond et Lucie une année s'est écoulée depuis leur dernier séjour à Narnia. Dans leur royaume, des siècles ont passé apportant le désordre et la violence. Ils vont s'employer à restaurer la paix, grâce au lion Aslan, et à rendre au prince Caspian le trône injustement usurpé par son oncle.

404 **Un amour de cheval**
par Nancy Springer

Erin, douze ans, n'aime que les chevaux. Elle fait la connaissance de tante Lexie, qui possède un haras, celle-ci se prend d'affection pour Erin et lui apprend même à monter. La jeune fille n'a plus qu'un rêve : avoir un cheval bien à elle. Ses parents lui offrent une jument blanche.

Cet
ouvrage,
le trois cent
vingt-deuxième
de la collection
CASTOR POCHE,
a été achevé d'imprimer
sur les presses de l'imprimerie
Maury Eurolivres SA
45300 Manchecourt
en mai
1993

Dépôt légal : mars 1991.
N° d'Édition : 17426. Imprimé en France.
ISBN : 2-08-162161-4
ISSN : 1147-3533
Loi n° 49-956 du 16 juillet 1949
sur les publications destinées à la jeunesse